KB198731

나는 얼마짜리인가?

나는 얼마짜리 인가?

대체되지 않는 나를 만드는 28가지 전략

북크북크(박수용) 지음

불확실성의 시대,
살아남기 위해 실행하라

북크북크(박수용)를 처음 만난 것은 아내 조남희 작가의 북콘서트 현장이었다. 13년 군 생활 동안도 책임감 있게 주어진 업무를 수행했는데, 전역을 앞두고 독서와 책 쓰기를 통해 제2의 직업을 준비하고 있다고 소개받았다. 퍼스널 브랜딩에 관해 자신감이 넘치는 목소리로 강의하는 모습을 지켜보면서 "열정적이고 패기가 넘치는 멋진 청년이구나!"라는 생각과 함께 호감을 느끼게 되었다. 블로그를 인연으로 만난 작가에 대해 아내는 추진력과 실행력이 매우 빼어난 장점이 자신과 똑 닮았다고 여러 번 자랑하였다. 이번에 저자의 두 번째 도서 〈나는 얼마짜리인가?〉 추천사를 부탁받았을 때 자기 삶을 주도적으로 개척해 나가는 군 후배인 북크북크의 앞날을 지지하는 의미로 흔쾌히 수락하였는데, 작가는 책을 통하여 불확실성의 시대를 살아야 하는 현대인들에게 대체 되지 않는 나를 만드는 전략 28가지를 안내해 주고 있다.

나는 38년간 군 생활동안 작전 전략 전문가로 복무하고 육군 참모차장 3성 장군으로 전역하였다. 손자병법에 知皮知己지피지기면 白戰不殆백전불태, 적을 알고 나를 알면 백번 싸워도 위태롭지 않다는 명언이 나온다. 전쟁에서 이길 수 있는 최고의 전략은 적의 의도를 잘 알고 나의 능력과 상태를 잘 아는 것이라는 손자의 필승 전략이다.

작가는 자신의 욕구를 잘 알아차리고 많은 양의 독서를 통해 간접 경험을 쌓고, 글을 쓰는 삶을 시작했다. 이제는 글이 삶이 되고 삶이 글이 되는 가치 있는 삶을 살고 있다. 대체 불가의 존재가 되는 지름길이 되어 줄 책이다. 저자는 "나는 얼마짜리인가?"라는 도전적 질문을 통하여 자신의 가치와 직면하도록 안내한다. 자신이 진정으로 원하는 삶을 찾아 그 길을 개척해 본 경험을 바탕으로 저자는 삶의 중요한 요소로 실행력을 강조한다. 맡겨진 업무를 수행하던 수동적인 삶에서 자신이 삶의 주인공이 될 수 있었던 근간은 오직 꾸준한 끈기를 바탕으로 한 실행의 힘이다. 실력 향상만이 자신을 고부가가치를 지닌 사람으로 만들어 주기에 저자는 독자들에게 실시간으로 인생에 집중해서 살아가기를 당부한다.

이 책은 자신에게 맞는 직업을 찾고자 하는 청소년들은 물론이고 변화하고 성장하며 자아를 실현하는 인생을 만들고 싶은 중장년들 그리고 진정으로 원하는 삶을 찾고자 하는 모든 사람에게 도움이 될 가이드 북이 되어 줄 것이다. 동기부여 강사의 삶을 준비하는 작가의 앞날이 승승장구하시길 바라는 마음을 담아 추천한다.

_황인무, (전) 국방부차관, 예비역 중장

내가 얼마짜리인지 생각해 본 사람은 많지 않을 것이다. 내가 얼마를 '버는'사람인지는 산술적으로 계산이 가능하지만, 어느 정도의 '가치'를 지닌 사람인지 생각하기란 쉽지 않기 때문이다. 그만큼 우리는 자신의 가치에 대해서 깊이 생각하고 있지 않는지도 모르겠다.

하지만 하나 확실한 것은 연봉은 정해져 있지만 가치는 정해져 있지 않다는 것이다. 그리고 이 가치는 내가 오늘 하루를 어떻게 사는지에 따라 상승할 수도, 하락할 수도 있다.

이 책은 자신의 가치를 독서와 글쓰기 그리고 실행의 힘으로 상승시키려는 박수용 작가의 진솔한 이야기다. 대부분의 사람이 불편하다고 생각하고, 내일로 미루고, 귀찮다고 생각하는 것을 매일매일 꾸준히 하며 자신의 가치를 키우려고 노력하는 한 청년의 이야기다.

'가치'의 사전적 정의는 '사물이 지니고 있는 쓸모'이다. 안타깝지만 이 세상은 쓸모 있는 것들이 살아남는 세상이다. 쓸모 있는 새로운 기술이 쓸모 없어진 기술을 이기고, 쓸모 있는 사람이 어느 조직에서든 성공하기 마련이다. 그리고 우리의 '쓸모'란 타인을 돕거나 누군가에게 힘이 되어주는 것이라 할 수 있다.

박수용 작가는 분명 군대에서 쓸모 있고 가치로운 훌륭한 군인이었을 것이다. 그의 실행력을 보면 느낄 수 있다. 하지만 그는 이 책에서 이야기하듯 간절하게 원하고, 변화하기 위해 실행에 옮겼다. 결국 그의 쓸모를 군이라는 제한된 조직 내에서 드넓은 외부 세상으로 확장시켰다.

우리 또한 이 세상에서 나만의 가치를 만들기 위해 살아야 한다. 우리는 한 조직을 위해서만 태어난 것이 아니라 이 세상이 더 좋아지기 위해 내가 할 수 있는 일을 찾고 이를 통해 주위를 밝히기 위해 태어난 것이기 때문이다. 물론 이 과정은 쉽지 않다. 내가 잘하는 것을 찾기 위해 끊임없이 실행해야 하고, 잘하는 것을 찾아도 최고가 되기 위해 또 실행해야 하며, 이를 통해 가치로워지기 위해서 다시 한번 실행해야 하기 때문이다. 그런 과정이 있어야 만 나의 가치가 상승하게 된다.

  지금 내가 가지고 있거나 벌고 있는 돈으로 자신의 가
치를 정하는 시대는 끝났다. 나의 가치는 이 세상을 위해
내가 얼마큼의 쓸모가 있는지에 따라서 정해진다. 쓸모
있는 인생이 되기 위해 실행의 힘으로 무장한 박수용 작
가의 메시지가 독자 여러분께 큰 울림이 되길 바란다.

_**강민규**,『오늘 당신의 삶에 대해 니체가 물었다』저자

나는 어머니를 일찍 여의었다. 너무나도 어린 나이였고, 어머니를 여읜 상실감이 내 마음의 문을 단단히 걸어 잠그게 했다. 그리고 나는 오랫동안 내가 진정으로 원하는 것이 무엇인지조차 알지 못한 채 살아왔다. 마음의 문을 닫고, 그저 주어진 길을 묵묵히 걸어가는 것이 나에게는 익숙했다. 감정은 억누르고, 나 자신조차도 잃어버린 채로.

군 생활 13년, 나는 안정된 길을 따라 걸어왔지만, 마음 한구석에는 여전히 알 수 없는 갈망이 자리 잡고 있었다. 어느 날, 자신에게 물었다. "내가 정말 원하는 것은 무엇인가?" 그 질문은 내 앞에 무의미하게 놓여 있는 길을 가던 나를 멈추게 했고, 나는 큰 결정을 내렸다. 익숙했던 삶을 내려놓고, 내가 진정으로 원하는 것을 찾기 위해 새로운 길을 걷기로 한 것이다.

그 선택은 두려움과 불안으로 가득했다. 군 생활을 포기하고 내가 원하는 삶을 산다는 것은 결코 쉬운 일이 아니었다. 하지만 나는 그 두려움을 견디며 첫걸음을 내디뎠다. 한 발 한 발, 새로운 길을 걸어 나갔다.

그리고 나는 책을 썼다. 책을 내면 내 삶이 완전히 바뀌리라 생각했다. 모든 것이 새로워질 것만 같았다. 그러나 현실은 예상과 달랐다. 내 삶은 단번에 바뀌지 않았다. 기대와 현실 사이의 간극은 컸지만 나는 내 길을 계속 가기로 했다. 내가 진정 원하는 것은 눈에 보이는 결과가 아니라 그 길을 걷는 과정 자체였기 때문이다.

두려움은 여전히 나를 찾아온다. 과거의 상처와 불확실한 미래는 나를 흔들지만, 나는 이제 진정으로 하고 싶은 일을 하며 살아가고 있다. 그 사실만으로도 나는 행복하다. 더 이상 마음을 닫지 않고, 내가 원하는 삶을 살고 있다는 것이 나에게는 무엇보다 큰 의미다.

"나는 얼마짜리인가?"

짧지만 강렬하게 나를 흔든 질문이었다. 이 질문은 단순히 사람을 돈으로 환산하라는 이야기가 아니다. "내가 지금 하는 일이 나에게 얼마나 큰 가치를 지니고 있는가?"라는 질문이다.

이 질문을 통해 나는 나의 삶과 일에 대해 깊이 생각할 수 있었다.

반대로 생각해 보자.

"얼마를 받으면 지금 하는 일을 포기할 수 있을까?"

이 질문이 나의 진짜 열정을 확인하는 기준점이 되었다. 내가 정말 사랑하고 간절히 원하는 일이라면, 그 가치를 돈으로 계산할 수 없을 것이다. 단순히 의무감이나 생계를 위해 하는 일이라면, 금액을 제시받는 순간 쉽게 포기할 수도 있을 것이다. 내가 하는 일이 진정 나에게 의미 있는 것인지, 아니면 환경에 의한 선택인지 스스로 점검할 수 있는 기회가 되었다.

"나는 얼마짜리인가?"

이 질문의 답은 내가 지금 살아가는 삶의 방향과 가치를 보여주는 나침반과 같았다.

이 책은 나의 두려움, 도전, 그리고 변화의 과정에 관한 이야기다. 당신도 나와 같은 두려움을 느낄 것이다. 변화는 언제나 두려움을 동반하지만 그 두려움 속에서 우리는 진정으로 원하는 것을 찾을 수 있다. 변화는 단순히 책 한 권으로 이루어지지 않을 수 있다. 하지만 그 첫발을 내딛는 순간, 당신은 이미 변화를 시작한 것이다.

인생은 실시간으로 이루어진다. 실행해야 하고, 실패해야 한다. 그래야 실력이 높아진다. 그러기 위해서는 시간이 필요하고 시야를 넓혀야 한다. 그래야 자신이 원하는 삶을 이룰 '시기'를 끌어올 수 있다. 복잡하게 생각하는 대신 간단하게 생각하고, 나의 꿈과의 간극을 좁혀야 한다. 그리고 간절하게 원하면 이루어진다. 실시간이란 그런 뜻이라는 것을 깨닫게 되었다.

이 책을 읽은 사람들이 인생을 실시간으로 살기를 바란다. 인생을 실시간으로 살면 내가 바라고 있는 꿈도 실시간으로 이루어질 것이다.

차례

1부

실행의 힘

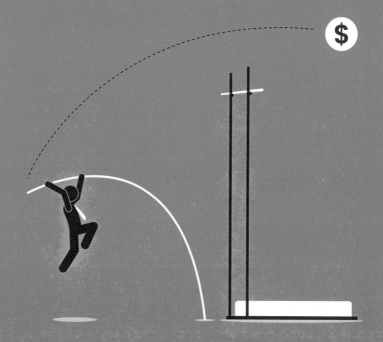

내가 진심으로 원하는 삶

나의 일상은 통제된 삶이었다. 퇴근하더라도 위수 지역을 벗어날 수 없었고, 주말에 마음 편히 어디론가 여행을 떠나는 것은 꿈같은 이야기였다.

핸드폰은 항상 그림자처럼 내 곁에 있어야 했고, 언제 어디서 전화가 올지 모르는 상황에서 긴장의 끈을 놓을 수 없었다. 전화벨이 울릴 때마다 전쟁터에 있는 병사처럼 본능적으로 긴장했고, 통화 상대를 확인한 후에야 겨우 마음이 놓였다. 나의 꿈이 분명했다면, 나는 진정으로 원하는 삶을 향해 조금 더 빠르게 나아갔을지도 모른다.

어릴 적부터 나는 부모님과 떨어져 살아야 했다. 고모나 이모의 손에서 살아야 했던 나는 늘 남의 눈치를 보는 아이였다. 먹고 싶은 것이나 갖고 싶은 것이 있어도 말을 할 수 없었다. 깊은 물속에 홀로 잠겨 있는 것처럼, 친자식이 아니라는 생각이 나를 더욱 움츠러들게 했다.

나는 그저 주어지는 대로 먹고 입으며 학교에 다녔다. 어머니가 일찍 세상을 떠난 후, 아버지의 출근시간에 맞춰 나 역시 기계처럼 초등학교로 향해야 했다. 매일 아침 7시 전에 혼자 집을 나서 길을 걸어가던 기억이 난다. 초등학교 정문은 생각보다 일찍 열리지 않았고, 문이 열리기를 기다리며 찬바람 속에서 경비 아저씨가 오기를 마냥 기다리곤 했다.

어릴 때는 일상의 일부로 여겨졌지만, 돌아보면 '굳이 그렇게까지 해야 했을까?' 하는 의문이 든다. 아버지의 출근시간에 맞춰 학교에 갈 필요는 없었다. 희미한 기억 속에서도, 늦게 가고 싶다고 말했더라면 아버지는 분명 귀 기울여 주셨을 것이다.

하지만 나는 말할 수 없었다. 소심한 성격과 왜소한 체격, 그리고 내성적인 성향이 겹쳐, 혼자 견뎌냈어야 했다. 일찍이 찾아온 성숙함이 내 내면의 힘듦을 숨기는 데 일조했다.

어느새 나는 마음의 문을 단단히 걸어 잠갔다. 친구들과 있을 때는 활발하고 재미있는 사람이었지만, 집의 문턱을 넘는 순간 쓸쓸하고 무뚝뚝한 사람으로 변해 있었다.

부모님은 내가 학교에서도 무뚝뚝한 아이일 것으로 생각하셨다고 한다. 집에서의 나와 사회에서의 나는 서로 다른 두 얼굴을 가진 사람처럼 완전히 달랐다. 내 감정과 생각을 솔직하게 표현하지 못하던 시절이 길었고, 내 마음의 문은 늘 굳게 닫혀 있었다.

부모님과 떨어져 지내며 남의 눈치를 보며 자란 어린 시절의 기억은 내 안에 원하는 것들을 숨기는 성향으로 나타났다. 내가 진정으로 바라는 것이 있어도 쉽게 말을 꺼내지 못하는 사람으로 자라난 것이다.

이러한 성향은 성인이 된 후에도 내 삶에 깊게 뿌리내렸다. 원하지 않는 것들을 선택해야 하는 상황이 자주 있었고, 그럴 때마다 나는 방향을 잃은 배처럼 휘둘렸다. 어릴 때는 당연한 일로 여겼다. 세상은 모두가 원하는 것을 뒤로 하고, 마지못해 경제적 생계를 위해 살아가는 것이라고 배웠기 때문이다.

많은 사람이 원치 않는 일을 하거나, 직장에 출근하고 퇴근하는 일상을 반복하고 있다. 그 자체가 나쁘다는 뜻은 아니다. 경제적 생계를 유지하는 데 필요한 일이고, 노동은 결코 부정적인 것이 아니다. 중요한 것은 그 이외의 시간을 어떻게 활용하고, 그 시간을 통해 무엇을 준비하고 있느냐에 달려 있다.

어릴 적부터 나는 상상력과 창의력이 남다른 편이었던 것 같다. 그렇다고 해서 아이큐가 높거나 공부를 잘했다는 의미가 아니다. 단지 장난감 하나를 가지고도 몇 시간씩 몰입하며 놀곤 했다. 기억에 남는 것은 작은 파란색 토끼 인형과 '곰돌이 푸'에 나오는 호랑이 인형이었다.

그 시간만큼은 나를 마법 같은 상상의 세계로 안내하는 열쇠였다. 매일 같은 장난감들이었지만, 그 순간들은 늘 새로운 모험을 만들어냈고, 혼자서도 아주 즐겁게 시간을 보낼 수 있었다. 내 어린 시절의 그 작은 인형들은, 내가 꿈꾸는 세계로 나를 데려가는 문이 되어 주었다.

이런 상상력과 창의력이 지금의 나를 만들어 주었다. 나는 상상이나 영감이 떠오르면, 일단 시도해 보는 사람이 되었다. "퇴사를 하면 내 삶이 정말 무너질까?" 이런 질문들이 머릿속을 떠돌았다.

나 스스로에게 질문을 던졌다. "지금의 생활이 평생 유지될 수 있을까?" 나이는 점점 들어가고, 능력은 점차 희미해져 간다는 불안감이 떠올랐다. 그래서 나는 자신에게 진지하게 물었다. "어떤 이유로 결정을 내리지 못하는 걸까?"

이와 같은 질문들을 마주하고 나니, 안개 속에서 길을 찾는 것처럼 답이 선명하게 떠오르지 않았다. 내가 원하는 일을 선택하지 못하는 이유는 단 하나였다. 그것은 불안감이었다. 불안은 그림자처럼 나를 뒤따랐다. 실패했을 때의 리스크와 불안정한 직업에 대한 두려움, 그게 전부였다. 결국, 이 모든 것은 외부의 조건이 아니라 내 마음속에서 시작된 문제라는 사실을 깨달았다.

그러던 어느 날 책 한 권을 읽고 이런 생각이 들었다. "왜 나는 내가 진정으로 원하는 일을 하지 못하는 걸까?" 이 질문을 나 자신에게 던지며, 내 마음속에서 잠들어 있던 용기를 깨웠다. 이제는 더 이상 타협하지 않기로, 나만의 길을 걸으며 내가 원하는 삶을 살기로 결심했다.

내가 원하는 삶을 선택하면서, 나와 같은 길을 걷고 있는 사람들을 많이 만나게 되었다. 대표님, 작가님, 크리에이터, 인플루언서 등 자신이 진정으로 사랑하는 일을 하며 살아가는 사람들을 만나다 보니, 내 세계는 자연스럽게 확장되었다. 내가 이 결심을 하지 않았다면, 평생 좁은 강둑에 갇혀 그 넓은 바다의 존재조차 깨닫지 못한 채 살아갔을 것이다.

우리는 종종 지금껏 해오던 것만이 유일한 답이라고 생각한다. 내가 보는 세계는 내가 스스로 결정한 틀 안에

간혀버린다. 많은 사람은 자신이 진정으로 원하는 삶이 무엇인지 분명하게 말하지 못한다. 깊이 고민해 본 적이 없거나, 추상적인 개념 속에서만 답을 찾으려 하기 때문이다.

대부분의 사람들은 "행복한 삶", "경제적으로 풍요로운 삶"이라고 대답한다. 그러나 어떤 일을 할 때 진정한 행복을 느끼는지, 무엇을 통해 경제적 성과를 이룰 것인지에 대해서는 깊이 생각하지 않는다. 나 역시도 그랬다. 인생은 빈 페이지 위에 쓰이는 이야기와 같다. 어디서 끝을 맺고, 어디서 새로운 시작을 할지는 내가 쥐고 있는 펜에 달려 있다.

내 스토리는 지금 하는 일을 계속하며 노후를 맞이할지, 아니면 내가 진정 원하는 삶을 살기 위해 새로운 길을 열어갈지, 오로지 나 자신에게 달려 있다. 자신의 삶에 집중하지 않으면 남의 삶에 휘둘리기 마련이다.

더 좋은 직업을 가진 것처럼 보이는 친구들을 보면 나 자신이 초라해 보이고, 부러움이 스멀스멀 올라오곤 했다. 그러나 이제는 다르다. 내가 진정으로 원하는 삶을 살기 시작했기에, 그런 비교는 더 이상 나를 옭아매지 않는다.

> 사람들은 흔히 자신이 하고 싶은 일을 두려움 때문에 미루곤 한다. 그러나 진정한 성공은 불편함을 받아들이는 데서 온다.
>
> - 제임스 클리어

나에게도 두려움은 늘 그림자처럼 따라다녔다. 새로운 직업을 갖는다는 것은 나에게 엄청난 공포로 다가왔었다. 하지만 그 두려움을 극복하지 않고서는 한 발짝도 앞으로 나아갈 수 없다는 것을 깨달았다. 자신이 무엇을 정말로 두려워하는지 정확히 아는 사람만이, 그 두려움을 넘어 앞으로 나아갈 수 있다.

자신이 진정으로 좋아하고 원하는 일을 하는 사람들의 공통점은 포기하지 않는다는 것이다. 나 역시 지금의 삶에서 어려움과 피로, 고통이 찾아오더라도 긍정적인 생각을 유지하려고 노력한다. 무엇보다 "이건 내가 선택한 일이니까." 라고 생각하는 순간, 모든 두려움과 불안감은 바람에 날려가는 먼지처럼 사라진다.

내가 선택하지 않은 일을 하면서도 똑같은 두려움을 느껴야 한다면, 내가 원하는 일을 하며 그 두려움과 마주하는 것이 훨씬 더 낫다는 결론에 이르렀다. 실제로, 내가 좋아하고 원하는 일을 선택한 지금, 그 생각이 얼마나 옳았는지 절실히 느끼고 있다.

많은 사람은 자신이 무엇을 원하는지 정확히 알지 못한 채 살아간다. 나 역시 오랜 시간이 흐르고 나서야 내가 원하는 삶이 무엇인지 깨달았다. 그 사실을 인식하기까지 무려 34년이라는 시간이 걸렸다. 누군가는 내가 그 답을 빠르게 찾았다고 할 수도 있고, 누군가는 너무 늦었다고 말할지도 모른다. 하지만 나의 삶의 기준으로 보자면, 오히려 나는 적절한 때에 내 길을 찾았다고 믿는다.

내가 원하는 삶이 무엇인지 모른 채 살아가고 있었다면, 미래에 대한 불안과 걱정 속에 갇혀 살고 있었을 것이다. 원하는 삶은 길 없는 숲속에서 스스로 길을 개척해 나가야 하는 것이다. 그 길을 걷지 않는 한, 그 끝에 무엇이 기다리고 있는지 알 수 없다.

아무리 기다려도 그 누구도 나를 내가 원하는 곳으로 데려다 주지 않는다. 계속해서 기다리는 사람들은 대개 상황이 더 좋아지면 원하는 일을 하겠다고 생각한다. 그러나 그런 이상적인 순간은 영원히 다가오지 않는다. 그런 기회가 찾아온다고 하더라도, 이미 그때는 원하는 일을 시작할 수 없는 환경 속에 서 있을 가능성이 훨씬 크다. 결국 스스로 나아가지 않는다면, 그 길은 아무도 대신 걸어줄 수 없다.

시간은 끊임없이 흐른다. 내가 가만히 있어도, 시간은 강물처럼 쏜살같이 흘러가고 만다. 하루는 길게 느껴지지만, 1년은 어느새 짧게 스쳐 가는 순간이 점점 더 많아지고 있다. 원하는 삶을 살기 위한 첫 단계는 내가 원하는 삶을 명확히 설정하는 것이다.

두려움을 정면으로 마주할 줄 알아야 한다. 나 역시 실패에 대한 두려움, 사회적 비난, 주변인의 시선, 그리고 경제적 불안을 이겨내지 못했다면, 내가 원하는 삶을 향한 첫 발걸음조차 떼지 못했을 것이다. 두려움 속에서도 앞으로 나아갔기 때문에, 내가 원하는 삶을 살고 있다. 다른 사람들이 조언과 충고를 해 줘도, 자기 삶을 가장 잘 이해하고 이끌어갈 수 있는 사람은 오직 자기 자신이다.

내 선택에 다른 사람들의 의견이 많이 개입될수록, 그 선택이 실패할 때 느끼게 될 후회 또한 더욱 커진다. 목표를 세우고 두려움에 맞서는 순간, 내가 원하는 삶으로 가는 첫 번째 문이 비로소 열리게 된다.

경험은 내가 가진 최고의 무기

지금의 나는 누구일까? 간단하다. 과거의 선택들이 쌓여 지금의 나를 만들어왔다. 과거에도 그랬고, 앞으로도 마찬가지일 것이다. 어떤 경험을 했고, 어떤 시련을 이겨냈는지가 한 사람을 형성한다. 모든 사람은 자신만의 고유한 인생 스토리를 지니고 있다.

누구나 치열한 삶을 살아왔고, 현재의 자신을 만들어 낸 시간이 있다. 과거부터 차곡차곡 쌓아온 경험들이 지금의 나를 만들어 주었다. 나 또한 예외가 아니다. 아픔과 시련이 있었기에, 그로부터 얻은 이야기를 바탕으로 책을 집필할 수 있는 사람이 될 수 있었다.

지금까지 해온 것들이 내 삶에 거대한 변화를 가져왔다. 두려움을 극복하고, 원하는 삶을 살 수 있는 용기를 얻게 된 것도, 과거에서 배운 교훈을 기억하고 있기 때문이다. 체력의 한계를 넘나드는 훈련들, 상상을 초월하는 강도의 경험을 견뎌내며, 나는 그 시절을 떠올린다. 그 시련 속에서 나의 정신력은 단련되었고, 어떤 어려움이 닥쳐도 무너지지 않는 마음을 가진 사람이 되었다.

과거를 돌아보면 떠올리고 싶지 않은 순간들도 있고, 반대로 행복했던 기억들도 있다. 지금 생각해 보면, 나를 성장시키고 발전하게 만든 것은 힘들었던 순간들이었다. 그 시련들 속에서 나는 점점 더 단단해졌고, 불안과 정면으로 마주하는 힘을 얻었다.

한 번은 행군을 앞둔 전날 밤 눈이 많이 내려 미끄러지면서 발목을 접질린 적이 있었다. 그러나 내 위치는 중요한 자리였고, 그 훈련을 빠질 수 없었다. 대부분의 사람이라면 포기를 선택했을 수도 있겠지만, 나는 그러지 않았다. 다행히도 구급법 교관직을 맡고 있었기에, 스스로

부목을 대고 준비할 수 있었다.

　다음 날, 붓기가 어느 정도 가라앉은 것을 확인한 후, 발목에 붕대를 감고 10시간 넘게 걸었다. 평소보다 힘들었지만, '어떻게든 해내겠다.' 라는 의지가 고통을 잠재웠다. 그 힘든 순간에도 임무를 완수하려는 굳은 마음 덕분에 나는 끝까지 걸을 수 있었다. 그 이후로도 힘든 순간이 올 때마다, 나는 스스로 이렇게 묻는다.

　"지금 이 상황이 그때보다 더 어려운가?"

　이 질문은 마치 내 안에 깊이 뿌리 내린 나무처럼, 나를 흔들리지 않게 붙잡아 준다.

　우리가 지금 이 자리에 서 있다는 것은, 과거의 수많은 아픔을 견디고 이겨냈기 때문이다. 인생을 살다보면 그런 고통의 순간들은 계속해서 찾아온다. 넘어져 본 사람만이, 넘어져도 덜 아프게 넘어지고 일어나는 법을 배울 수 있다. 그런 과정을 겪지 않았다면, 넘어질 때마다 깊은 상처를 입고, 그 상처는 다시 일어설 용기를 앗아갔을 것이다.

지금까지의 경험이 없다면, 우리는 성장할 수 없다. 내가 지금 정신적으로 강해진 이유도, 많은 훈련과 고통을 이겨냈기 때문이다. 덕분에 나는 앞으로 어떤 큰 고난이 닥치더라도 이겨낼 수 있다는 확신을 하게 되었다. 만약 그 고통을 극복해낸 경험이 없었다면, 아마 중간에 포기했을지도 모른다.

나는 과거의 모든 경험이 나에게 영양분이 되어준다고 믿는다. 그러나 과거로부터 배우려는 마음과 실패로부터 교훈을 얻고자 하는 자세가 없다면, 발전할 수 없다. 내가 이렇게 책을 집필할 수 있는 것도, 고통을 글쓰기로 승화해온 경험 덕분이다.

그 과정을 통해 나는 세상에 전하고자 하는 메시지가 무엇인지 분명하게 깨달았다. 그런 과정들이 없었다면, 이 책은 세상에 나오지 못했을 것이다. 점을 하나씩 찍어야 선이 만들어지듯, 중간에 한 번이라도 점을 찍지 않았다면 그 선은 끊기고 말았을 것이다.

실패든 성공이든, 그것들은 모두 내 인생이라는 선을 완성하기 위해 꼭 필요한 점들이었다. 지금까지 내가 해

온 것들은 결국 미래의 행동을 결정하는 중요한 이정표
가 되었다. 나 역시 수많은 실패를 겪었기에, 어떻게 하
면 성공할 수 있을지 끊임없이 연구하고 노력할 수 있었
다. 때로는 사람들이 "왜 그렇게까지 하느냐?"고 묻기도
했지만, 내가 쌓아온 경험들이 지금의 나를 만들어 주었
기에, 나는 멈출 수 없다고 답하곤 했다.

　지금까지 해온 것들은 단순히 현재에 머무르지 않는
다. 미래로 이어지는 긴 선의 일부다. 역사를 돌아보면,
과거의 실수를 되풀이하지 않기 위해 우리는 고전과 위
대한 인물들의 삶에서 많은 교훈을 얻고, 그 교훈을 자기
삶에 적용해왔다.
　실패는 언제든 해도 괜찮다고 생각한다. 중요한 것은
같은 실수를 반복하지 않는 것이다. 실패를 한 번도 경험
해보지 않은 사람은 언젠가 새로운 실패에 부딪히게 된
다. 성공을 위해 실패는 반드시 거쳐야 할 과정이다. 나
는 당신의 직업이나 과거를 알지 못하지만, 한 가지 확실
한 것은 지금의 당신은 과거에 했던 모든 선택과 행동의
집합체라는 사실이다.

어릴 적 상처를 많이 받은 사람들은 마치 단단한 껍질 속에 갇힌 것처럼 타인에게 쉽게 마음을 열지 못할 것이다. 반면, 사랑을 듬뿍 받은 사람들은 대인관계에서 더 수월하게 사람들과 어울릴 것이다.

경험은 누구도 대신할 수 없는, 세상에 하나뿐인 나만의 보석과도 같은 소중한 자원이다. 학생 시절부터 성인에 이르기까지 쌓아온 고유한 경험들은 나만이 가질 수 있는 강력한 무기가 된다. 직장에서 일할 때도, 나보다 오래된 경험을 가진 이들이 더 뛰어나게 일을 해내는 것을 보며, 경험의 힘을 실감하게 된다.

성인이 되었을 때는, 지식이 경험을 이길 수 있다고 믿은 적도 있었다. 그래서 교범을 더 많이 읽고 공부를 열심히 했지만, 결국 현장 경험을 쌓은 선배들을 따라잡을 수 없었다. 그때 깨달았다. 지식보다 경험이 더 중요하다는 것을. 그리고 그 이후로 나는 더 많은 경험을 쌓기 위한 도전을 멈추지 않았다.

과거부터 쌓아온 모든 것들이 나에게 큰 힘이 되어주었고, 그 덕분에 첫 책『독기를 휘두르다』는 출간 후 3주

만에 2쇄를 찍는 기적을 이뤄낼 수 있었다. 1년 동안 꾸준히 준비해온 결과이며, 내가 잘해서라기보다는, 나에게 도움을 줄 수 있는 사람들과의 관계를 쌓아왔기 때문에 가능한 일이었다.

과거에 했던 나의 행동들이 이제 빛을 발하기 시작했다. 하루도 빠짐없이 블로그에 글을 쓰고, 게시글을 올리며 기록해온 시간이 책을 출간하는 과정에서 나를 견고하게 지탱해 주는 기둥이 되어 주었다. 그 과정들이 쌓이지 않았다면, 지금의 성과는 이뤄낼 수 없었을 것이다.

많은 사람이 나를 '실행력의 아이콘', '추진력의 대장'이라고 부른다. 이 역시 단 한 순간에 얻어진 것이 아니다. 내가 꾸준히 해왔던 것들을 사람들이 지켜보았기 때문이다. 오랜 시간 동안 뿌리를 깊게 내린 나무가 언젠가 큰 열매를 맺듯, 내가 쌓아온 경험들이 이제 눈에 보이는 성과로 드러난 것이다.

나는 여전히 매일 독서하고 글을 쓰고 있다. 미래의 나는 지금의 내가 만들어 나가는 것이라는 사실을 알기 때문이다. 미래는 지금 내가 선택하는 모든 것들의 결과물로 이루어질 것이다. 앞으로 좋은 선택을 하기 위해 끊임없이 준비하고 노력해야 한다.

삶은 선택의 연속이다. 좋은 선택을 하기 위해 매일 성장하는 내가 되어야 한다. 과거로부터 배우고, 넘어지면서 경험치를 쌓아야만 점점 성장할 수 있다. 게임 속 캐릭터처럼 우리는 경험을 통해 레벨 업을 해야 한다.

처음에는 강한 몬스터일지라도, 내 레벨이 올라가면 그 몬스터가 나에게 주는 피해는 점점 줄어든다. 레벨 업을 하지 않는다면, 똑같은 몬스터에게 계속해서 같은 피해를 당하게 된다. 성장하지 않는 사람은 똑같은 문제에 반복적으로 부딪힌다.

지금의 나도 많은 시련을 묵묵히 이겨내고 있다. 누구나 자신만의 아픔을 안고 살아가며, 해결해야 할 문제들을 가지고 있다. 내가 성장하지 않았다면, 지금의 문제들은 나에게 생기지 않았을 것이다. 성장하지 않는 자에게는 더 큰 시련이 주어지지 않는 법이다.

앞으로 내가 가야 할 길을 알고 있기에, 스스로 해결해야 할 문제들이 계속해서 생겨난다. 이런 선택을 하지 않았다면, 지금 내가 마주하고 있는 문제들은 평생 나에게 오지 않았을지도 모른다. 곱셈이나 덧셈도 숫자를 알아야 풀 수 있듯이, 큰 문제가 닥칠 때도 과거로부터 배운 경험이 나의 무기가 되어 그 문제들을 해결해 나갈 수 있다.

인생의 문제들은 수학 문제와도 같다. 기본 원리를 알면 어떤 복잡한 문제도 풀 수 있듯이, 삶에서도 경험이라는 공식이 있으면 어떤 난관도 헤쳐나갈 수 있다. 그 경험들이 나를 단단하게 만들고, 앞으로 맞이할 더 큰 문제들을 풀어갈 힘을 준다. 결국, 경험은 내 삶의 답을 찾아내는 열쇠와도 같다.

시도가 없으면 변화도 없다

내 인생의 로드맵을 바꾸고자 한다면 무엇이 필요할까? 여러 요소가 있겠지만, 나는 그 답을 '새로운 시도'에서 찾는다. 많은 사람이 변화를 원하면서도 변화하지 못하는 이유는, 지금까지 해온 방식이 새로운 결과를 만들어 낼 것이라는 착각 때문이다.

매일 똑같이 출근하고 퇴근한 뒤, 평소처럼 휴식을 취하는 사람에게 과연 어떤 변화가 있을까? 나 역시 이 질문을 나 자신에게 던졌다. 지금까지 해온 것을 바꾸지 않는 한, 내 인생에 변화는 절대 일어나지 않는다. 새로운 시도를 해야 한다. 새로운 시도란 내가 이미 알고 있는 기존 지식에 안주하지 않고, 새로운 지식을 습득하고 그 것을 내 삶에 적용하는 것이다.

현재의 안정된 상황에서 벗어나지 않으면 새로운 사람, 경험, 배움을 만날 수 없다. 인생의 변화를 원한다면, 익숙함을 떠나 새로운 환경과 도전을 받아들여야 한다.

지금까지 해 온 것들만 고수한다면, 그 틀 안에 갇혀버리고 더 이상 발전하거나 확장할 수 없다. 세상의 모든 결정권을 내가 가질 수는 없지만, 내 삶의 결정권만큼은 내 손 안에 있다. 더 나은 삶을 위한 결정권은 나 외에는 누구도 쥐고 있지 않다.

많은 사람이 새로운 시도를 하지 않는 이유는 지금의 안전한 울타리에서 벗어나는 것을 두려워하기 때문이다. 미래는 무한한 가능성을 품고 있다. 멋진 몸매를 갖게 될 수도 있고, 생각지도 못했던 소설을 쓰는 작가가 될 수도 있다. 하지만 새롭게 도전하지 않는다면 아무것도 될 수 없다.

나는 이 사실을 알고 있다. 그래서 끊임없이 새로운 도전을 하고 있다. 늘 해오던 것만 반복해서는 아무것도 달라지지 않는다는 것을 수많은 직접적이거나 간접적인 경험을 통해 깨달았다. 시계추가 같은 궤적을 반복하듯 움직이면, 그 시간 속에서 변화는 찾아올 수 없다. 새로운 시도가 바로 그 궤도를 벗어나 새로운 길을 열어주는 열쇠다.

헨리 포드는 이렇게 말했다.

"항상 하던 대로 하면 항상 얻던 것을 얻는다."

똑같이 행동하면 똑같은 결과만 반복될 뿐이다. 새로운 시도를 하지 않으면, 그 기회는 나에게 오지 않는다. 미래는 내가 오늘 내린 선택의 결과로 빚어지며, 새로운 시도를 하지 않으면 미래도 지금과 같은 모습으로 굳어질 가능성이 크다.

나는 새로운 삶을 살기로 결심한 후, 바로 새로운 도전에 나섰다. 바로 웹소설 작가다.

고등학교 시절 나는 무협지를 정말 좋아했다. 어린 시절에는 무협지를 직접 써보고 싶다는 막연한 꿈도 품었다. 하지만 그 당시에는 터무니없는 꿈처럼 느껴져서 시도조차 하지 못했다. 그도 그럴 것이, 나는 한 번도 글을 써본 적이 없었고 심지어 문과 출신도 아니었다.

문학과는 전혀 거리가 먼 길을 걸어왔던 나에게, 무협지를 쓰겠다는 생각은 터무니없어 보였다. 내가 배운 것은 대부분 과학과 수학이었고, 글쓰기와는 접점이 없었다. 그런 내가 무협지를 쓸 수 있을까? 그 당시에는 말 그대로 허황된 망상처럼 보였을 뿐이었다.

첫 책을 집필한 후, 잠시 공허한 느낌의 상태에 빠졌다. 두 번째 책을 더 빨리 쓰고 싶었지만 그 시기가 아직 이른 것처럼 느껴졌다. 출간한 지 한 달이 조금 넘었을 때 그런 생각이 들었기 때문이다. 그러던 중에 나에게 새로운 자극을 준 한 사람이 있었다.

그분은 네이버에서 웹소설을 쓰고 있다고 말했다. 그 이야기를 들었던 순간 깨달았다. 두 번째 책을 바로 집필하지 않는다면, 내 삶에 새로운 자극과 도전이 필요하다는 것을.

그 순간 고등학교 시절의 기억이 다시 떠올랐다.

'그때는 터무니없는 꿈이었을지 모르지만 지금은 책도 한 권 출간했고, 이제는 글을 쓰는 작가가 되었으니 한 번 도전을 해볼 만하지 않을까? 아무도 읽어주지 않을지도 모르지만 시도하는 것만으로도 나는 성장하고 경험을 쌓을 수 있을 테니까.'

이런 생각이 드는 순간, 나는 주저하지 않고 네이버 웹소설에 무협지 1화를 올렸다. 단순하게 접근했다. '만약 내가 무협 세계로 간다면?' 이것이 시작이었다. 주인공은 바로 나였다. 군인 출신인 내가 무협 세계로 간다는 설정이었다.

하지만 시작부터 벽에 부딪혔다. 한 번도 소설을 써본 적이 없었기 때문에 어디서부터 어떻게 시작해야 할지조차 몰랐다. 내가 할 수 있었던 유일한 일은, 감명 깊게 읽었던 무협지를 다시 펼쳐보며 어떤 장면에서 내가 감동하였는지 확인하는 것이었다. 그 감동의 뼈대를 차용해,

나만의 방식으로 재해석해 이야기를 만들어 나가는 것이 전부였다.

현실에서 꿈으로 넘어가듯, 나는 그 세계로 발을 내디뎠다. 그곳에서 펼쳐질 모험은 아직 써보지 않은 도전이었지만, 그 첫걸음만으로도 나에게는 충분한 가치가 있었다.

처음 도전한 무협지였기에 엉성한 부분이 많았다. 기본적인 지식조차 없었다. 얼마나 써야 할지, 언제 연재해야 할지도 모른 채 시작했기 때문에 나의 무협지는 처음엔 혼돈 그 자체였다. 스토리텔링은 흐트러졌고, 시놉시스도 생각하지 않은 채 무작정 키보드를 두드리기 시작했다.

다행히 주변 사람들이 개연성 부족이나 캐릭터 배경 설정에 대해 조언을 해 주었고, 더 잘 쓰고 싶다는 욕심이 생겼다. 그래서 살면서 한 번도 본 적 없던 무협 세계관과 무공에 대한 지식을 유튜브로 배우기 시작했다. 내가 그 세계에 직접 발을 들여놓은 것처럼 하나하나 배워가며 나의 글을 가다듬었다.

어느 문파가 어디에 위치하는지, 무공의 수위는 어떻게 설정해야 하는지, 자주 등장하는 사자성어까지 새로운 지식이 쏟아지듯 내 머릿속에 채워지기 시작했다. 처음에는 단순한 호기심으로 시작했지만 지식이 쌓이면서 점차 필력도 좋아졌고, 각 스토리에 맞는 개연성을 고민하게 되었다.

이미 한 권의 책을 집필한 경험이 있었기에 연재를 멈추지 않고 꾸준히 글을 쓸 수 있었다. 그래서 결과는 어떻게 되었을까? 엄청난 인기를 끌었을까? 다른 무협지보다 순위가 높았을까?

재미로 시작했던 네이버 웹소설은 뜻밖의 결과를 가져왔다. 먼저 연재하던 한 분이 나에게 조언을 해 주었다.

"북크님, 혹시 모르니까 작가 소개란에 이메일을 적어놓으세요."

그 말에 별다른 생각 없이 이메일을 작가 소개란에 적어두었다. 매일 연재하느라 시간이 부족하긴 했지만 글을 쓰는 재미에 푹 빠져 있었다. 상상 속에서 거대한 세계를 만들어가는 건축가라도 된 것처럼, 세계관을 구축하는 일에 몰입했다.

어느 날, 메일함을 확인하던 중에 내 웹소설 제목이 적힌 메일 하나가 눈에 들어왔다. 출판사에서 보낸 메일이었다. 나의 웹소설을 보고 세계관과 스토리가 마음에 들어 유료로 함께 연재하고 싶다는 내용이었다.

메일을 확인한 순간, 나는 깜짝 놀랐다. 연재를 시작한 지 단 3일 만에 온 메일이었기 때문이다. 곧바로 주변 사람들에게 조언을 구한 후 출판사에 연락했다. 사실 나는 이미 기성작가이고, 매일 연재하는 것은 다소 어려울 수도 있다고 솔직하게 말씀드렸지만 출판사의 반응은 오히려 긍정적이었다.

"그러셨군요. 그러면 저희가 작가님의 일정에 맞춰 진행할 수 있도록 하겠습니다."

그 자리에서 나는 바로 그 제안을 수락했다. 그렇게 나는 정식으로 웹소설 작가가 되었다. 아직 유료 프로모션은 시작되지 않았지만 시간이 지나면 진행될 예정이다. 이 기쁜 사실을 출판사 대표님께 알리자, 대표님은 환한 미소로 이렇게 말씀하셨다.

"웹소설은 시장이 넓으니까, 오히려 더 잘된 일이네요."

그때 나는 깨달았다. 나의 글이 작은 씨앗처럼 심어졌

고, 그 씨앗이 예상치 못한 곳에서 싹을 틔워 새로운 가능성을 열어가고 있었다는 것을.

내가 새로운 시도를 하지 않았다면, 이런 기회를 잡을 수 있었을까? 단지 꿈이라고만 생각했던 것을 시작하지 않았다면, 나는 어떤 기회도 잡지 못했을 것이다. 새로운 시도는 인생을 변화시키는 데 꼭 필요한 열쇠라고 생각한다.

나는 매일 2만 자의 글을 쓰고 있다. 웹소설을 쓰기도 하고, 이렇게 책을 집필하기도 한다. 그 과정에서 새로운 정체성이 생겼다. 아무것도 몰랐던 내가 이렇게 변할 수 있었던 이유는 하고 싶은 일을 고민하지 않고, 새로운 시도에 대한 불안감을 정면으로 마주했기 때문이다.

처음 하는 웹소설에 도전하는 것이었기에 부담감이 없었던 것은 아니었다. 그러나 나와의 약속을 지키기 위해, 매일 웹소설을 연재하고 있다. 힘든 날도 있었고, 글이 막혀 고통스러웠던 순간도 있었다.

인생은 어디로 흘러갈지는 아무도 모른다고 믿는다.

내가 시도한 웹소설이 또 다른 문을 열어주고, 또 다른 세계로 나를 이끌어줄 것이라고 확신하고 있다. 아직 결과를 알 수 없지만, 새로운 시도는 항상 새로운 기회를 가져다 준다는 사실을 실감하고 있다.

새로운 길을 걷는 여행자처럼, 어디로 향할지 알 수는 없지만 처음 한 걸음을 내딛지 않으면 아무것도 보이지 않는다. 새로운 삶을 살고 싶다면, 용기를 내서 새로운 시도를 해보자. 그 끝에 무엇이 기다리고 있을지는 아무도 모른다.

시작은 지금, 당장!

지금 시작하지 않는 이유는 무엇일까? 우리는 대체 무엇을 기다리고 있는 걸까? 완벽한 준비? 완벽한 계획? 세상에 그런 것이 존재하기나 할까? 나는 없다고 생각한다. 계획은 시작과 동시에 대부분 변하게 마련이다. 더 나은 결과를 기대하며 계속해서 준비만 하는 사람들도 있지만, 인생은 예상한 것처럼 흐르지 않는다.

완벽하게 세운 계획도 차질이 생기기 마련이다. 그래서 나는 준비가 조금 부족하더라도 일단 시작하고 계획을 수정하는 편이다. 앞서 말했듯이, 중요한 것은 계획이 아니라 경험이다. 경험을 먼저 해본 사람만이 자신만의 노하우와 전략을 쌓을 수 있다. 지금 시작하지 않는다면, 다음은 찾아오지 않는다.

'언젠가'와 '나중에' 라는 씨앗을 뿌려봤자 열매를 맺지 못한다. 원하는 결과를 얻으려면 일단 시작해야 한다. 결과가 좋지 않을 수도 있다. 하지만 시작하지 않으면, 그 어떤 결과도 얻을 수 없다. 원하는 삶을 살지 않는다면, 대부분 그럭저럭 주어진 상황을 감수하며 살아가는 삶일 것이다. 그리고 지금 당장 시작하지 않으면, 끝없이 감수해야만 하는 삶을 영원히 반복하게 된다.

도전을 시작하지 않는 삶은 물가에 놓인 돌멩이와 같다. 아무런 변화도 만들어내지 못하고 그 자리에 머물러 있을 뿐이다. 하지만 그 돌멩이가 물속으로 떨어지면 파문이 일어나고, 그 파문은 계속해서 퍼져나간다. 원하는 삶을 살기 위해서는 돌멩이를 물속으로 던져야 한다.

시작은 변화의 첫걸음이다. 행동하지 않는 사람에게

기회는 찾아오지 않는다. 무언가를 시작하고, 움직이는 사람에게만 기회가 주어진다. 지금 당장 시작해야 하는 이유는, 우리의 삶을 구성하는 시간이 끊임없이 흘러가 사라지고 있기 때문이다. 미루면 미룰수록 좋은 기회들은 점점 멀어지고, 그만큼 성장할 기회도 놓치게 된다.

유튜브에서 본 영상 하나가 떠오른다. 한 남자가 의자에 앉아 있었고, 그의 앞에는 바깥으로 나갈 수 있는 문이 계속해서 열리고 닫혔다. 하지만 그 남자는 전혀 움직이지 않았다. 시간이 흘러 그는 문밖으로 나가려고 결심했지만, 그 순간 문은 더 이상 열리지 않았다.

이 장면이 주는 메시지는 무엇일까?

언제든지 시작할 기회는 우리 앞에 놓여 있다. 하지만 그 기회를 잡지 않는다면, 문은 결국 닫히고 만다. 마음을 먹고 행동에 옮기려 했을 때는 이미 기회의 문이 닫혀버릴 수도 있다.

기회란 마치 물 위에 떠 있는 나뭇잎과도 같다. 그 나뭇잎이 내 손 닿는 곳에 있을 때 잡지 않으면, 물살에 휩쓸려 멀리 떠나가 버린다. 인생의 흐름 속에서 기회라는 나뭇잎을 붙잡으려면 주저하지 말고 즉시 행동해야 한다.

기회는 계속해서 우리에게 다가오지만 우리는 그 기회들을 눈치 채지 못하고 흘려보내는 경우가 너무 많다. 왜 우리는 시작하는 것을 미룰까? 그 이유는 실패에 대한 두려움 때문이다. 그리고 그 두려움을 없애기 위해 최선의 계획을 세우느라 시간을 허비한다.

살면서 얼마나 많은 기회를 놓쳤을까? 아니, 애초에 그것이 기회였다는 사실조차 인식하지 못한 채 지나친 날이 얼마나 많았을까? 이런 생각을 자주 한다. 지금도 후회되는 일들이 많다. 조금이라도 더 일찍 책을 읽으며 그 지혜를 받아들였더라면, 그때 내가 한 번 더 용기를 내 도전을 해봤더라면, 지금 나는 전혀 다른 길을 걸어가고 있을지도 모른다.

기회란 마치 내 앞을 지나가는 기차와 같다. 타지 않으면 눈앞에서 떠나버리고, 다시 그 기차가 돌아올 것인지는 아무도 알 수 없다. 그때 내가 용기를 내서 한 발 더 내딛지 않았던 순간들이 얼마나 아쉽게 느껴지는지 모른다. 그러나 지나간 기회를 탓해 봐야 아무 소용도 없다. 중요한 것은 지금, 이 순간에 다가오는 기회를 붙잡는 것이다.

지금의 직업에 만족하지 못하거나 더 나은 삶을 원한다면, 그 첫걸음을 내디뎌야 한다. 이직을 하고 싶다면, 이직을 하고자 하는 부서에 맞는 자격증 공부를 시작하거나 원하는 분야에 대한 정보를 모으는 것부터 준비해야 한다. 마음속으로만 이직을 바라거나 나만의 사업을 꿈꾼다 해도, 실제로 변하는 것은 아무것도 없다.

시작했다면, 반드시 끝까지 나아가야 한다. 시작이 있으면 끝이 있어야만 그 과정의 결과를 확인할 수 있다.

작은 시작은 큰 결과를 가져온다. 나 역시 한때 독서와는 거리가 먼 사람이었다. 내가 책을 집필할 수 있게 된 것은 단지 시작했기 때문이다. 매일 졸음과 싸우며 한 페이지라도 더 읽으려는 노력이 결국 나를 변화시켰다. 지금은 책을 읽는 속도가 빨라져서 하루에 한 권 이상을 읽을 수 있게 되었다. 이런 능력이 하루아침에 생긴 것은 아니다. 작은 시작이 꾸준함으로 이어졌고, 그로 인해 쌓아온 노력의 결실이다.

작은 시작, 독서에서 출발한 나는 결국 글을 쓰게 되었고, 마침내 책을 집필한 작가가 될 수 있었다. 사람들은 자신이 원하는 삶을 살기 위해 무엇을 해야 할지 알고 있다. 하지만 불확실성이라는 짐 때문에 첫걸음을 떼지 못하는 경우가 많다. 나 역시 불확실성에 관한 책을 많이 읽었다. 불확실성은 누구나 느끼는 기본적인 감정이다.

빠르게 시작해본 사람들은 그 불확실성의 무게가 점차 가벼워진다는 것을 안다. 일단 시작하면 나중에 완벽해지는 것이 늦지 않다는 사실을 깨닫기 때문이다. 막상 해보면, 우리가 어렵다고 생각했던 일들이 사실은 그리 큰 문제가 아니었던 경우가 많다.

운동을 하기 위해서라면, 신발을 신는 것부터 시작하면 된다. 헬스장에서 어떤 운동을 할지는 그곳에 가서 생각하면 된다. 지금 내가 할 수 있는 유일한 일은 헬스장에 가는 것뿐이다. 그렇게 환경에 몸을 맡기면, 자연스럽게 운동하게 된다. 첫 시작이 가장 어려운 법이다.

나 역시 시작에 대한 두려움을 항상 가지고 있었다. 미래의 불확실성은 나를 옴짝달싹 못하게 만들 때도 있었다. 시작은 마치 기차가 처음 움직이는 것과 같다. 처음에는 많은 힘이 필요하고 천천히 움직이지만 일단 달리기 시작하면 그 누구도 그 속도를 멈출 수 없다.

시작하는 순간, 불확실성은 어둠 속에 갇혀 있던 방에 빛이 스며들기 시작하는 것과 같다. 처음엔 어둡고 무엇이 있는지 보이지 않지만, 문을 열고 한 걸음 내디디면 점차 모든 것이 명확해진다. 그 빛이 퍼질수록 더 많은 것들이 보이기 시작하고, 그렇게 불확실성의 그림자는 점점 사라진다.

마크 트웨인은 이렇게 말했다.

"당신이 할 수 있는 일은 무언가를 시작하는 것이다. 그러면 나머지는 저절로 이루어진다."

나 역시 마크 트웨인의 말에 깊이 공감한다. 일단 시작하면 나머지는 자연스럽게 흘러간다. 글을 쓰는 것, 책을 집필하는 것 모두 마찬가지다. 자리에 앉아 백지에 몇 글자라도 적어보는 것이 첫걸음이다. 떠오르는 단어, 생각나는 문장을 무작정 적어 내려가다 보면, 그 속에서 다음 글이 자연스럽게 떠오른다. 머릿속에서만 "무엇을 쓸까?" 고민하고 손을 움직이지 않으면, 그 어떤 글도 적히지 않는다.

나 또한 마음이 내키지 않는 날엔 변명과 핑계를 대며 해야 할 일을 미룬 적이 많았다. 변명과 핑계는 시작할 수 있는 모든 문을 닫아버리는 자물쇠와 같다. 핑계를 생각하는 순간, 스스로 발목을 잡은 셈이다.

만약 내가 "글을 써본 적이 없으니 아직 시작할 단계가 아니야. 조금 더 준비하고 실력이 쌓이면 그때 글쓰기를 시작해야겠다."라고 생각했다면, 지금 글을 쓰는 사람이 될 수 있었을까? 그렇지 않았을 것이다. 그런 생각이 들기 전에 그냥 컴퓨터를 켜고 일단 쓰기 시작했기 때문에 지금 내가 글을 쓸 수 있는 것이다.

핑계는 두려움의 또 다른 이름이다. 우리는 내면의 두려움을 인정하고 싶지 않기 때문에 그 두려움을 감추기 위해 핑계를 댄다. 시작을 미루는 만큼 기회는 사라지고, 그 기회는 손에 닿지 않는 안개처럼 점점 멀어진다.

핑계는 자신을 스스로 속이는 일이다. 해야 할 일을 분명 알고 있으면서도, 그 일을 미루기 위해 끊임없이 자기 합리화를 하며 뒤로 미룬다. 계속해서 핑계를 대고 시작을 미루기만 한다면, 결국 남는 것은 후회뿐이고, 결국 행동을 미루는 습관만 남게 된다.

한 번 미루는 것은 어렵지만, 두 번, 세 번 미루는 것은 더 쉬워진다. 반면에 시작하는 것 역시 처음이 어렵지 한 번 시작하면 그다음에는 점점 더 수월해진다. 어떤 습관을 내 삶에 들일지는 내가 결정해야 한다. 미뤄도 되는 일들은 따로 있다. 언제든지 할 수 있는 것들, 나를 편안하게 해 주는 것들이다. 쉬는 것, 노는 것 같은 일들이다.

중요한 일을 미룬 채 나를 편안하게 해 주는 일들부터 시작하면 중요한 일을 할 시간은 점점 사라진다. 중요한 일을 먼저 하고 쉬는 것을 선택하면, 그때는 시간의 여유가 충분하다. 쉬는 것에는 기한이 없기 때문이다. 언제든지 쉴 수 있다. 하지만 중요한 일에는 마감이 있다. 그 마감은 어느새 눈앞에 닥치고 만다.

차일피일 미루다가 결국 끝내지 못한 일들이 얼마나 많을까? 나도 그랬다. 그리고 그때마다 이렇게 생각했다.

"어쩔 수 없었다."

이 말은 가장 흔하면서도 강력한 핑계다. 어쩔 수 없을 때까지 놔둔 나 자신을 돌아보지 않고, 오직 상황 탓만 하며 문제를 회피하려 했다. 그러나 상황은 바뀌지 않는다. 바뀔 수 있는 건 바로 나다. 미룬다고 해서 문제가 해결되는 것은 없으며, 그 문제는 눈덩이처럼 불어나 결국 감당할 수 없게 된다.

진정으로 원하는 것이 있다면, 이미 시작했어야 한다. 그렇지 않았다면, 그건 어쩌면 진정으로 원하는 것이 아닐지도 모른다. 간절함이 없다면, 행동으로 이어지지 않는다. 시작은 모든 일의 첫 단계이며, 끝으로 향할 수 있는 유일한 길이다. 시작하지 않으면 아무것도 이루어지지 않는다. 원하는 삶을 살고 싶다면, 반드시 무언가를 시작해야 한다.

우리는 미지의 세계에 대한 두려움 때문에 시작을 주저한다. 결과가 좋지 않으면 어쩌나, 내가 기대했던 대로 되지 않으면 어쩌나 하는 걱정이 발목을 잡는다. 하지만 그 두려움은 내가 만들어낸 허상에 불과하다.

"나, 뭔가를 한 번 도전해 보려고."

주위 사람들이 나에게 이런 말을 할 때면, 나는 항상 이렇게 묻는다.

"그래서? 언제 시작할 건데?"

그러면 다들 머뭇거린다. 할 마음은 있지만 언제 시작할지 타이밍을 고민하고 있다. 뭔가 도전을 해보려 하지만 시작할 용기가 나지 않는다고 한다. 그 생각은 머릿속에서만 이루어지고 있을 뿐이다. 대부분 사람은 최악의 상황만을 그리며 걱정한다. "만약 실패하면 어떻게 하지?"라는 생각이 머릿속에서 떠나지 않는다. 시간이 흐르면 시작할 확률은 점점 낮아지고, 며칠이 지나면 그 생각은 머릿속에서 완전히 사라진다.

지금 우리가 할 수 있는 가장 중요한 일은 바로 시작하는 것이다. 책을 쓰고 싶다면 첫 문장을 쓰고, 운동하고 싶다면 운동화를 신고 문밖으로 나가는 것이다.

지금 당장 시작하라. 어떤 꿈이든, 그 첫걸음을 내딛는 순간부터 변화는 시작된다. 가만히 앉아 머릿속에서만 꿈을 키우기보다는 그 꿈을 현실로 끌어내기 위한 첫 발걸음을 떼라. 변화는 언제나 그 첫걸음에서 시작된다. 세상에서 가장 긴 여정도 한 걸음부터 시작된다.

불확실성의 본질

불확실성은 우리가 도전하지 못하도록 가로막는 가장 큰 장애물 중 하나다. 많은 사람이 새로운 도전을 통해 인생을 바꿀 수 있다는 사실을 알고는 있다. 하지만 그럼에도 시작하지 못하는 이유는 불확실함 속에서 길을 잃을까 두려워하기 때문이다. 성공할지, 실패할지 확신할 수 없기에 우리는 발걸음을 내딛는 것을 주저한다.

"한번 도전해 볼까?"라는 생각이 머릿속을 스칠 때, 이내 "그런데 실패하면 어떡하지?"라는 걱정이 따라온다. 결론은 "그래, 굳이 위험을 감수할 필요는 없지."로 맺어진다. 나 역시 그랬다.

"인생을 걸고 책을 써볼까? 작가로 살아가 볼까?"이런 생각이 떠올랐지만, 실제로 행동에 옮기는 것은 매우 두려운 일이었다. 안정된 직장을 포기하고 미지의 세계로 나가는 것은 내겐 꼭대기가 보이지도 않는 거대한 벽 앞에 서있는 것처럼 느껴졌다. 실패할까 두려웠다. 그 앞에 서면 끝이 없는 심연을 마주한 것처럼 무서웠다.

'조금 더 나이를 먹고? 경제적으로 더 안정된 후에? 아니면 완벽하게 준비된 다음에 도전할까?'

마음속에서는 끝없이 핑계가 떠올랐다. 어떻게 될지 모르는 불확실한 미래에 대한 두려움과 안정적으로 월급을 받으며, 나중에 연금으로 여유로운 노년을 보내는 것이 더 나을지도 모른다는 생각도 했다.

하지만 '지금이 아니면 언제 내가 하고 싶은 일을 하며 살 수 있을까?' 라는 생각이 머릿속을 떠나지 않았다. 답은 명확하지 않았지만 나는 그 답이 '지금'이라고 믿기로 했다. 두 번 다시는 이런 기회가 오지 않을 것이라는 생각이 내 마음속에 자리 잡았다.

그때부터 나는 나만의 인생을 살기 위해 철저하게 준비했다. 새로운 삶을 살겠다고 다짐한 이상, 그 새로운 삶을 위해 모든 것을 던지기로 결심했다. 직접 경험할 수 없는 것들은 책을 통해 간접적으로 경험하고, 필요한 지식을 쌓으며 내 길을 준비했다.

우리는 자신이 좋아하는 일을 하면서 사는 사람들을 특별하다고 여기고, 신기하게 바라본다. 생각해 보면, 자신이 좋아하는 일을 하며 사는 것은 자연스러운 일이다. 이상하거나 특별한 것이 아니라 인생에서 지극히 당연한 선택이다.

그런데 자신이 좋아하는 일을 하면서 사는 사람들이 특별하게 보이는 이유는, 그런 사람들을 주변에서 흔히 볼 수 없기 때문이다. 내 친구들이나 동료들이 나를 볼 때도 그런 시선으로 바라보는 것 같다. 그럴 때마다 나는 그들에게 이렇게 말한다.

"자신이 좋아하는 일을 해도 된다."

인생은 선택의 연속이다. 불확실성은 절대로 없어지지 않는다. 그 불확실성을 껴안고 앞으로 나아가는 것이 중요하다는 것을 깨달았었다.

대부분의 사람들은 경제적인 이유든, 다른 이유든 자신이 좋아하는 일을 하지 못한 채 살고 있다. 여러 가지 이유가 있겠지만 가장 큰 장애물은 바로 '불확실성'이다. 그 불확실성 하나 때문에 많은 이들이 발걸음을 내딛지 못하고 있다.

나 역시 여전히 불안과 불확실성을 느끼며 살아가고 있다. 돌이켜보면, 군 생활을 하던 시절에도 마찬가지로 불확실함은 항상 존재했다. 진급에 대한 불안, 갑작스러운 지역 이동에 대한 두려움, 그리고 앞으로의 삶에 대한 막연한 불안이었다.

지금도 나는 스스로 질문을 던지며 답을 찾아가고 있다. 그리고 그 답은 언제나 같았다.

"내가 노력하는 만큼, 해결될 것"이라는 답이었다. 내가 좋아하지 않는 일을 계속하고 있었다면, 답을 찾지 못한 상태였을지도 모른다. 내가 최선을 다해 노력해도 모든 것이 해결되지는 않았을 테니 말이다.

지금도 불확실함이 사라진 것은 아니다. 하지만 앞으

로의 삶은 내가 지금부터 얼마나 노력하느냐에 따라 달라질 것이라는 걸 확신하게 되었다. 결국, 불확실성 속에서도 선택한 길에서 얼마나 집중하고 나아가느냐가 그 답을 결정짓는다.

월급이 오르고 직급이 높아진다고 해서 인생이 갑자기 투명해지는 것은 아니다. 불확실성은 우리 삶에서 계속될 것이다. 미지의 세계에 어떻게 대처하느냐를 배우는 것은 생존과 번영을 위한 중요한 능력이다.

_「리프레임」

직급이 올라간다고 해서, 월급이 더 많이 들어온다고 해서 내 삶이 풍요롭고 행복해질 것 같지는 않았다. 삶의 본질적인 불안함은 그대로 존재할 것이고, 나는 여전히 그 속에서 살아가고 있을 것이다. 그렇다면, 내가 좋아하는 일을 하면서 그 불안함을 감수하는 것이 더 낫지 않을까 생각했다.

가능성은 불확실한 곳에 숨어 있다. 이미 해오던 일을 반복한다고 해서 다른 결과가 나올 리 없다. 처음 해보는 것, 두려워하던 것을 실제로 겪고, 몸으로 터득하는 과정에서만 성장할 수 있다는 것을 깨달았다.

어릴 적 두발자전거를 처음 배우던 날이 기억난다. 아버지와 함께 시골에 놀러 갔을 때, 마을에서 자전거를 빌려 탈 기회가 있었다. 자전거를 처음 타는 것이었기에, 불안과 기대가 뒤섞여 있었다.

처음 자전거를 배울 때의 두려움을 기억하는가? 처음엔 아버지가 내 자전거 뒤를 꼭 잡아주셨다. 내가 넘어지지 않도록 든든하게 지켜주고 있다는 확신 속에서 페달을 밟았다. 중심을 잡기도 어렵고, 앞으로 나아가는 것이 두려웠지만, 아버지가 뒤에서 잡아주고 있다는 믿음 덕분에 나는 계속 나아갈 수 있었다.

속도가 붙을 때마다 불안감이 스며들었지만, 아버지가 나를 붙잡고 계실 거라는 믿음이 나를 앞으로 나아가게 했다. 중간 중간 나는 아버지에게 물었다.

"아빠, 뒤에서 잘 잡고 있지?"

아버지는 웃으며 대답하셨다.

"그럼, 걱정하지 말고 앞만 보고 가라."

그 말을 믿고 계속해서 페달을 밟았다. 하지만 나도 모르게 뒤를 돌아보았을 때, 멀리 계신 아버지를 발견했다. 아버지가 잡아주지 않고 있다는 사실을 깨달은 순간, 나는 균형을 잃고 넘어졌다.

그때 신기한 사실을 깨달았다. 실제로 아버지가 자전거를 잡아주고 있지 않았지만 나는 그 믿음 하나로 중심을 잡고 앞으로 나아갈 수 있었다는 것을.

인생도 이와 비슷하지 않은가? 상황은 바뀌지 않지만 믿음을 가지고 나아가느냐 그렇지 않으냐의 차이는 엄청난 결과를 만들어낸다.

불확실한 상황에서도 앞을 보고 나아가야 한다. 자신이 하고 싶은 일을 하면서 뒤돌아보지 말고, 자신을 스스로 믿고 계속 나아가야 한다. 뒤를 돌아보고 확인하는 순간, 불안감과 후회가 밀려온다.

'내가 잘하고 있는 걸까? 이렇게 사는 게 맞을까? 너무 힘든데, 이 길이 맞는 걸까?'

나도 여러 번 그런 생각을 했다. 내가 걸어온 길을 돌아보면 흔들릴 때가 많다. 후회는 아무리 빨리 해도 늦다는 말이 있지 않은가? 뒤를 돌아보지 말고, 나를 응원하

고 지켜봐 주는 사람들이 있다고 믿으며 앞으로 나아가
야 한다.

넘어질까봐 두려워 자전거를 타지 않았다면, 나는 지
금도 자전거를 타지 못했을 것이다. 불확실성에 몸을 던
졌기 때문에 자전거를 타는 능력을 갖추게 된 것이다. 다
른 도전들도 마찬가지다.

불확실성을 긍정적으로 바라보고, 그 안에 숨어 있는
가능성을 발견할 줄 아는 눈을 키워야 한다. 실패의 리스
크가 나에게 미치는 영향을 최소화하고, 그보다 더 큰 가
능성에 집중해야 한다. 미래를 예측할 수는 없지만 불확
실함 속에서도 내일을 위해 오늘을 살아야 한다.

우리는 때로 예측할 수 있는 범주 내에서 결과를 감수
하고 도전한다. 불확실성의 부정적인 측면에 먼저 주목
하면 아무것도 시도할 수 없다. 확실성과 안정성을 고집
하는 순간, 다른 가능성이 사라진다는 것을 명심해야 한
다. 불확실성을 잘 이용한다면, 꿈꾸는 가능성으로 이어
지는 유일한 통로가 될 수 있다.

불가능과 불편함을 구분하라

불가능은 가능성이 전혀 없는 것을 이야기한다. 반면, 불편은 바다로 항해하는 동안 만나는 거친 파도와 같이 통과해야 할 험난한 과정일 뿐이다. 나도 과거에는 이 거친 파도를 넘지 못할 불가능의 벽으로 잘못 생각했었다.

할 수 있는 일이었지만 상황과 환경을 핑계 삼아 스스로 합리화하며 포기했다. 어두운 숲속에 길을 잃은 것처럼 불가능한 환경을 스스로 조성해 놓고 할 수 없다고 믿으며 "어쩔 수 없다." 라는 말로 나 자신을 위로했다.

첫 책을 집필하던 시기, 나는 직업군인으로서 시간과 공간의 제약을 많이 받았다. 매일 원고를 작성해야 했지만 긴 훈련이나 예상치 못한 사정으로 계속해서 밀려나기만 했다. 직업의 특성상 양보할 수 없는 부분도 많았다.

어느 날, 훈련을 마치고 집으로 가는 차 안에서 지친 몸을 이끌며 생각에 잠겼다.

'오늘 원고를 작성해야 하는데 너무 늦게 퇴근했네…. 오늘은 못 적겠다.'

그 순간, 머릿속에서 번개가 치듯 깨달음이 찾아왔다.

'정말 못하는 걸까? 아니면 할 수 있는데 못한다고 자신을 속이는 걸까?'

깊이 고민해 보니, 후자였다. 조금 힘들고 피곤할지라도 할 수 있는 일이었다. 약간의 무리가 따르지만, 불가능한 것은 아니었다. 그렇게 생각하자, 마치 안개가 걷히듯 명료해졌다.

'아, 이건 불편한 거지, 불가능한 것이 아니었어. 그런데 왜 나는 불가능하다고 생각했을까?'

그 이후로, 내가 불가능하다고 여겼던 상황들을 하나

씩 되돌아보기 시작했다. 예상외로 많은 일들이 있었다. 피곤하다는 이유로 운동을 건너뛴 일, 늦게 퇴근했다는 이유로 해야 할 일을 미루고 휴식을 취한 일들. 그뿐만 아니라 그런 상황들을 스스로 만들어내며 자신을 속였다. 그러니 내 삶에서 진정한 발전이 있을 리 없었다.

그날 이후로, 나는 생각을 바꾸기로 했다. 이제 내게 불가능한 상황은 없다. 혹시 그런 상황이 생기더라도 반드시 해결책을 찾겠다고 결심했다. 힘들고 괴로워도 오늘 해야 할 일을 내일로 미루지 않겠다고 다짐했으며, 지금도 그 다짐을 지키고 있다. 불편한 선택이 나를 성장시키는 계단이 되어 주고 있다는 사실을 깨달았다.

편안함을 선택하는 것은 인간의 본능적 욕구일지도 모른다. 하지만 이제 나는 알고 있다. 불편함을 받아들이는 결정이 나를 성장으로 이끄는 엔진이라는 것을.

매일 편안함을 택하는 것은 폭풍의 눈에서 안식을 찾는 것과 같다. 평온해 보이지만 결국 더 큰 혼란으로 이어진다. 아침에 일찍 일어나기, 독서하기, 글쓰기와 같은 행동들을 실천할 때 내 삶에 역동적인 변화를 가져온다.

처음에는 표면 아래의 변화가 눈에 띄지 않을 수 있지만 이 작은 습관들은 시간이 흐르면서 궁극적으로 내 삶의 지형을 재구성하는 강력한 힘으로 작용한다.

독서, 글쓰기, 운동과 같은 활동들은 불편한 선택이다. 그런 노력을 하지 않아도 살아가는 데 큰 지장도 없다. 하지만 내가 이 불편함을 감수할 수 있을 때 삶의 강이 더 깊고 넓은 바다로 흘러갈 수 있다고 믿었다.

내가 미뤄왔던 행동들이 정말 불가능한 것일까? 시간이 없어서 못 하는 것일까? 유튜브를 보고, 넷플릭스를 즐기며, SNS 쇼츠를 탐색할 시간은 있으면서 진짜 내 삶을 변화시킬 중요한 일들에는 시간을 할애하지 못했다는 사실을 깨달았다.

귀찮다는 이유로 미루던 운동, 공부, 독서, 산책 같은 활동들이 나의 삶을 조금씩 변화시키기 시작했다.

사람은 편안함을 추구한다. 서 있을 때는 앉고 싶고, 앉아 있을 때는 눕고 싶어 한다. 불편한 선택을 자발적으로 하는 사람은 많지 않다. 대부분은 쉬운 길을 택하며 살면서도 삶의 변화를 기대한다. 하지만 진정한 변화는 생각보다 훨씬 많은 노력을 요구한다.

수십 년 동안 같은 길을 걷다가, 하루아침에 다른 길로 접어들겠다고 결심해도, 발걸음이 쉽게 옮겨지지는 않는다.

나 역시 그랬다. 몸을 만들기 위해 전문적으로 운동을 배운 적은 없지만, 매일 꾸준히 운동을 해왔다. 그러다 문득 깨달은 것은, 사람이란 무의식적으로 자신이 좋아하는 운동에만 손이 가게 된다는 점이었다.

전문적인 지식 없이 운동을 하다 보니, 물 흐르듯 편한 자세로만 흘러가는 운동을 해왔다는 것을 뒤늦게 알게 되었다. 이후 운동을 잘하는 후배에게 자세부터 다시 배우며 운동을 시작했다. 같은 무게를 들더라도 더 많은 힘이 필요하다는 것을 알게 되었다.

운동조차 이렇게 힘든데, 내 삶에서 편안함만을 추구한 것이 과연 이것뿐일까? 분명 아니다. 퇴근 후 내가 하는 모든 일들 역시 내가 편하다고 느끼는 것들로 가득 차 있었다. 그때야 나는 편안함에서 벗어나 불편한 선택을 하지 않으면 발전할 수 없다는 사실을 깨달았다.

변화는 마치 폭풍의 바다를 항해하는 것과 같다. 안전한 항구의 편안함을 뒤로 하고 험난한 파도를 맞이할 준비가 되어 있지 않다면, 절대로 새로운 세계로 나아갈 수 없다. 변화를 위해서는 불편함이 불가피하며, 그 불편함을 감수할 각오가 없다면 진정한 출발조차 불가능하다.

나는 몸이 가벼워 혼자서는 잘 달릴 수 있었지만, 무거운 군장을 지고 산을 오를 때는 늪에 빠진 것처럼 체력이 바닥을 드러냈다. 내가 인정받기 위해서는 새로운 능력을 키워야 한다는 것을 깨달았다. 그래서 매일 퇴근 후, 내 체력을 키우기 위해 엄청난 노력을 기울였다.

우리가 삶에서 어떤 일이 불가능하다고 생각하면, 그 순간 자신을 무한한 가능성에서 차단하게 된다. 사실, 대부분 사람들은 자신이 무엇을 해야 할지 이미 알고 있다. 다만 그 일을 두려워할 뿐이다.

_「당신이 생각하는 모든 것을 믿지 말라」

내가 원하는 것을 얻기 위해서는 불편함을 스스로 선택할 용기가 필요하다. 성공한 많은 사람이 갑자기 빛나는 것처럼 보일 수 있지만, 그들은 우리 눈에 보이지 않는 시간 동안 자신에게 불편한 선택을 계속해서 감내해 왔다. 처음부터 쉬운 길만 걷는 사람은 결국 험난한 길을 만나게 되는 법이다.

산 정상을 향해 오르는 길은 험난한 경사를 이겨내야만 한다. 언제 도착할지 모르는 정상을 향해 걸음을 옮길 때, 길은 멀고 고단하지만, 그 정상에 섰을 때 눈앞에 펼쳐지는 풍경은 모든 고난을 이겨낼 만한 가치를 증명한다. 불편함을 선택하지 않았다면, 그 경치를 경험할 기회는 영원히 오지 않았을 것이다.

> 불편한 일을 피하면 당장은 만족감이 들지만, 그에 따르는 장기적인 결과는 두려움과 후회, 불안으로 가득 찬 삶을 사는 것이다.
>
> _「힘든 일을 먼저 하라」

불편한 것들을 계속하는 것은 계속해서 산을 오르는

등산가와 같다. 달리기를 할 때도 숨이 차올라 목구멍까지 느껴질 정도로 몸을 밀어붙이는 사람과 조금만 힘들어도 멈추는 사람 사이에는 큰 차이가 있다. 체력은 물론, 모든 면에서 성장하는 것은 그 한계를 뛰어넘어 자신을 밀어붙인 사람들이다. 힘든 순간을 견디고 자신의 한계를 넘어선 사람만이 현재의 자신을 넘어서 새로운 모습으로 거듭날 수 있다.

나는 계속해서 독서와 글쓰기에 몰두하고 있다. 이런 활동은 누구의 강요도 아닌 자발적인 선택이지만, 아침부터 일어나 이를 실천하는 것은 쉽지 않다. 피곤함은 나를 유혹하고, 출근할 필요도 없어 언제든 원하는 만큼 잠을 청할 수 있는 상황에서도, 나는 불편함을 선택한다.

지금 겪는 이 불편함이 미래에 나에게 더욱 편안한 삶을 선사할 것이라는 확신이 있다. 지금 불편하면 나중이 편해질 수 있다. 지금 편한 행동을 하면 시간이 흘러 더 불편한 삶을 살지도 모른다.

불가능과 불편의 차이를 이해하는 것이 중요하다. 자

신이 설정한 한계는 그 자체로 한계가 된다. 불가능하다고 생각하는 순간, 모든 가능성의 문을 스스로 닫는다. 미래에 대한 두려움으로 새로운 시도를 멈추면 성장의 기회를 잃는다. 불편함을 불가능하다고 여기는 순간, 극복할 수 없는 장벽이 된다.

스스로 설정한 한계 넘기

누구도 나의 한계를 정할 수 없다. 오직 스스로 한계를 정할 수 있다. 우리는 무의식적으로 자신에게 한계를 설정한다. 과거 실패의 경험, 주변에서 나오는 부정적인 말, "이 정도면 잘한 거지." "나는 절대 성공하지 못할 거야." 라고 생각한다. 하지만 세상 그 누구도, 내 한계가 여기까지라고 정해준 사람은 없다.

한계를 만나는 이유는 스스로 한계를 정했기 때문이다. 한계라는 말은 땅의 경계나 사물의 정해진 범위를 뜻

한다. 임의로 그어진 선에 불과하다는 뜻이다. 내가 과연 이 선을 넘을 수 있을까? 그건 결국 자신이 정한 것이다.

주변에서 "너는 그 정도밖에 안 되는 사람이야.", "넌 실패할 거야."라고 말하더라도, 그 말을 받아들일지 말지는 전적으로 나에게 달려 있다. 나 역시 작가가 되겠다고 주변 사람들에게 말했을 때, 대부분이 반대했다.

"아무나 할 수 있는 게 아니다.", "너는 하지 못할 거야."라는 부정적인 말들이 들려오기 시작했다.

하지만 나는 나를 믿었다. 스스로 한계를 정하지 않기로 다짐했고, 지금 당장 글을 쓸 능력이 되지 않더라도 계속 노력해 글을 쓸 능력을 갖추기로 결심했다.

나는 한계를 '터닝 포인트'라고 생각한다. 한계를 넘는 순간, 새로운 기회들이 나에게 다가오기 때문이다. 누군가에게는 무모해 보일지 몰라도, 내가 계속 도전하는 이유가 여기에 있다. 지금도 나는 블로그, 인스타그램, 스레드, X에 매일 글을 올리고, 네이버 웹소설 연재와 브런치 스토리까지 하고 있다.

가끔은 누군가 이렇게 묻는다. "너무 무리하시는 거 아니에요?" 사실 부담이 될 때도 있지만, 내가 한계를 정하는 순간 딱 거기까지만 갈 뿐이라는 사실을 깨달아 알고 있었다. 특히 블로그를 하면서 많이 느꼈다.

예전에는 글 하나를 포스팅 하는데 2~3시간이 걸렸다. 다른 블로거들이 하루에 몇 개씩 올리는 것을 보고 부러워하면서도, 나는 자신에게 "나는 하루에 두 개 이상 포스팅을 할 수 있을까?" 라고 물었다. 당시의 답은 "불가능하다."였다.

그때는 하나를 포스팅하는 것만으로도 많은 에너지가 소모되었고, 그 이상은 나의 능력 밖이라고 생각했다. 지금은 하루에 기본 3개, 많으면 5개의 포스팅을 올릴 수 있다. 매일 포스팅을 하면서 시간이 단축되었다는 것을 느끼고, 두 개를 올리려다가 과감히 3개를 올리기로 다짐했다. 두 개로만 정했다면, 나는 다시 3개로 넘어가는 데 오랜 시간이 걸렸을 것이고, 그 구간에서 멈췄을지도 모른다.

이러한 과정을 통해 나는 한계를 넘는 나만의 방식을 구축했다. 마인드셋, 실력, 그리고 결과다. 이 세 단계를 거치면서 나는 한계를 계속해서 없애기 시작했고, 그렇게 꾸준히 블로그를 하면서 종이책을 집필할 수 있게 되었다.

매일 자신을 뛰어넘는 싸움을 하고 있다. 마인드셋은 나를 믿는 것에서 시작되고, 실력은 꾸준한 연습과 노력에서 쌓여간다. 그리고 결과는 그 모든 노력의 산물이다.

한계를 뛰어넘고 싶다면, 먼저 스스로 설정한 한계를 없애고 믿음을 가져야 한다.

먼저, 마인드셋이다.

한계를 뛰어넘기 위한 첫 번째는 자신을 믿는 것이다. 자기 능력은 자신만이 안다. '내가 성공할 수 있을까?' 라는 마음이 들면, 일단 시작한다. 고민만 하고 상상만 해서는 결과를 얻을 수 없다.

남이 뭐라 하든, 내가 하기로 결심했으면 그걸로 충분하다. 스스로 불가능하다고 생각하지 않길 바란다. 불가능하다고 생각하는 순간, 한계를 스스로 정해놓고 시작하는 것과 마찬가지다.

한계를 스스로 정하지 않으면 무엇이든 가능하다. 그 누구도 결과를 예측할 수 없다. 직접 경험하고 몸으로 부딪치면서 나아가면 된다.

군대에서는 매년 체력을 측정한다. 내가 입대했을 때는 1.5km만 뛰면 됐지만 체력이 점점 더 강조되면서 측정 거리가 3km로 늘어났다.

"3km라니?"

그때 나는 3km를 뛰어본 적이 없었다. 불가능하다고 생각했다. 1.5km도 뛰기 힘들었으니 2배는 무리라고 생각했다. 그렇게 측정일 다가오고, 몸이 아직 적응되지 않은 상태에서 3km를 처음으로 뛰게 되었다. 하지만 과거 경험을 떠올렸다.

"그래, 1.5km를 뛰었으니 한 번 더 뛴다고 생각하면 되겠지."

그렇게 측정에 나섰고, 예상대로 더욱 힘들었다. 하지만 결국 완주했다. 좋은 점수를 받으려면 시간 안에 들어가야 하기에 체력을 안배할 여유도 없었다. 마라톤과는 완전히 다른 개념이다. 온몸의 에너지를 쏟아 부어 그 시간 안에 끝내야 한다.

나는 과거에 1.5km를 뛰어 특급 점수를 받았던 나 자신을 믿고, 그저 앞으로 나아갔다. 그 이후로 3km에서도 꾸준히 특급을 유지하는 사람이 되었다. 시작 전부터 "나는 해본 적 없으니 실패할 거야."라고 생각했다면 분명 실패했을 것이다. 하지만 나를 믿기로 했고, 그 믿음을 실천으로 옮겼다.

결국, 스스로 설정한 한계를 깨는 것이야말로 진정한 도전의 시작이다.

다음은 실력 키우기다.

나는 항상 '노력하면 안 될 게 없다.'라는 생각으로 살아간다. 과거의 경험을 돌아보면, 앞으로 이루어야 할 모든 것들은 결국 나의 노력에 달려 있다. 한 번도 해보지 않았던 소설 집필에도 도전했고, 브런치 작가로 등록하는 일도 주저하지 않았다. 글 쓰는 실력이 부족하다고 느꼈다면, 그 실력을 키우기 위해 노력하면 그만이다.

실력이 부족하다고 자책하는 것만으로는 실력이 향상되지 않는다. 내가 할 수 있는 일은 실력이 부족하다는 사실을 인정하고, 그 부족함을 메우기 위한 행동을 취하는 것이다. 그리고 그 행동은 바로 '노력'이다. 실력이 올라가면 올라갈수록, 한계도 점점 사라진다. 처음부터 모든 일을 잘하는 사람은 없다. 눈에 보이지 않는 곳에서 끊임없이 노력한 사람만이 결국 그 실력을 갖추게 된다.

솔직히, 나는 내 글이 뛰어나다고 생각하지 않는다. 장점이라면 단문으로 쉽게 읽히도록 쓴다는 정도다. 어떤 대단한 표현력이나 문장력을 가진 것도 아니다. 하지만 글을 계속 쓰다 보니, 자신만의 문체가 형성된다는 것을 깨달았다. 나는 나만의 글을 완성하기 위해 끊임없이 노력했을 뿐이다.

처음부터 종이책을 집필할 실력을 갖추고 있었던 것도 아니다. 그래서 내가 선택한 방법은 전자책이었다. 전자책이든 종이책이든, 구성은 비슷하다고 생각했다. 종이책을 집필할 실력이 되지 않았을 때, 나는 그 전 단계인 전자책을 많이 만들어보기로 결심했다. 그렇게 4권의 전자책을 제작하면서 글을 구성하는 실력이 향상되었음을 느꼈고, 그때 주저하지 않고 종이책 집필에 도전했다.

만약 처음부터 바로 종이책을 집필했다면 훨씬 더 힘

들었을 것이다. 스스로 실력이 부족하다는 것을 알았기에, 그 부족함을 채우기 위해 꾸준히 노력했다. 그리고 그 결과, 나는 결국 내가 목표로 했던 종이책을 집필할 수 있었다.

마지막은 결과다.

나는 모든 과정을 통해 반드시 성과를 만들어냈다. 그것이 SNS이든, 책이든, 다양한 모임이든 관계없이 하나씩 성과를 쌓아갔다. 다음 도전에서는 이전보다 더 나은 결과를 얻기 위해 늘 고민했다. 결과가 나올 때마다 자신에게 물어보았다.

"정말 최선을 다했는가?"

대부분 더 할 수 있었고, 더 노력할 수 있었다는 사실을 깨달았다. 시간이 어떻게 사용되었는지, 계획이 어떻게 이루어졌는지 되짚으며, 매일 더 나은 결과를 위해 끊임없이 노력했다. 과정이 올바르면 결과도 자연스럽게 따라온다고 믿었다. 항상 그런 건 아니지만, 대부분 그랬다. 결과는 내가 한 만큼, 그 노력이 비례해서 나타나는 경우가 많았다.

　매일 결과를 확인하고 그 이유를 분석했다. 내가 모든 노력을 기울였으면 그에 상응하는 결과가 나타날 것이라고 확신했다. 나를 믿고, 노력하며, 내가 만든 성과를 확인해 나가는 동안 나는 서서히 한계를 넘는 사람이 되어가고 있었다.

　한계를 스스로 설정하지 말자. 그 누구도 당신의 한계를 정할 수 없다. 한계를 뛰어넘는 데 필요한 것은 자신을 믿고, 끝까지 최선을 다하는 것이다.

　당신은 생각하는 것보다 훨씬 강하다. 그리고 그 강함은, 한계를 넘기 위해 나아가는 매 순간에 깃들어 있다.

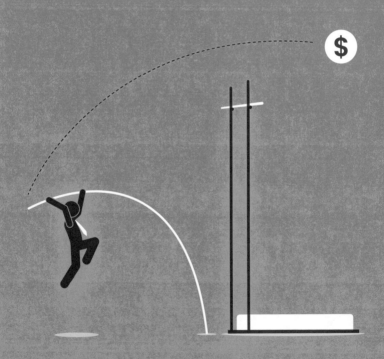

2부

변화하기 위해
모든 것을 바쳐라

가짜 변화, 보통 변화, 진짜 변화

변화하고 싶지 않은가? 지금의 삶에 100% 만족하는가?
더 나은 삶이 당신을 기다리고 있고, 아직 가보지 못한
세상이 펼쳐져 있다. 그 세상을 향해 나아갈 준비가 되었
는가? 지금까지 해왔던 모든 것을 버릴 각오가 되어 있
는가? 다시 처음부터 시작할 용기가 있는가? 한 번에 모
든 것을 바꿀 열정이 있는가? 자신에게 이런 질문을 던졌
을 때, "그렇다." 라고 자신 있게 대답할 수 있어야 한다.
미지의 세상은 스스로 예측할 수 없는 것이다. 그저 막연
히 기다리는 것만으로는 아무런 의미가 없다.

당신은 어떤 변화를 원하는가?

나는 지금까지 100% 소비자의 삶을 살아왔다. 스스로 무언가를 생산할 능력이 없었다. 무언가를 얻기 위해서 언제나 내가 가진 것과 맞바꿔야만 했다. 그렇게 사는 것이 당연하다고 느꼈고, 남들도 모두 그렇게 살아간다고 생각했다.

그러나 블로그를 시작하고 책을 읽기 시작하면서 나의 사고방식은 완전히 변했다. 시간을 내 책을 읽는 것이 나를 성장시키는 유일한 방법임을 깨달았고, 남은 시간을 활용하는 것이 아니라 내가 쓸 수 있는 시간을 스스로 만들어야 한다는 사실을 알게 되었다.

지금의 삶이 나쁜 건 아니다. 하지만 나는 내 능력을 온전히 발휘하지 못하고 있다는 강한 느낌을 받았다.

"우물 안 개구리." 라는 말을 들어봤을 것이다. 그 세계는 정말 좁다. 나갈 생각을 하지 않는다. 그 우물 안에서 나는 인정받고 있었으니까. 하지만 그렇게 개구리인 채로 살아가고 싶지 않았다. 나는 새로운 세상을 바라보고 있었고, 그곳을 향해 나가기로 마음먹었다.

변화를 결심한 순간, 나는 모든 것을 바꾸기로 했다. 매일 퇴근 후 쉬는 삶을 포기했다. 쉬고 싶은 욕망과 놀고 싶은 마음도 모두 접어야 했다.

생산자로 살아가기 위해 나는 모든 것을 바꿀 수밖에 없었다. 변화는 고통을 동반하고, 불편함을 가져온다. 당연한 일이지만 우리는 종종 그렇게 생각하지 않는다. 불편함과 고통을 느끼기 시작하면 "과연 이 길을 계속 가야 할까?"라는 생각이 들게 마련이다.

그래서 다시 원래의 삶으로 돌아가려 한다. 물고기에게 "물속에 산다."라고 설명해도 물고기는 그 말을 이해하지 못할 것이다. 그것이 물이라고 믿지 않으니까.

우리도 마찬가지다. 지금 내가 사는 환경이 어떤 것인지 알지 못한 채 살아가는 사람들이 많다. 남들과 똑같이 일하고, 퇴근 후에는 당연히 쉬어야 한다고 여긴다. "인생이 어디로 흘러갈지 모르니 항상 준비해야 한다." 나는 주변 사람들에게 늘 이 말을 한다.

사람이 변한다는 것은 정말 어려운 일이다. 지금까지

해왔던 생활습관을 모두 바꾸는 것은 잠깐의 열정으로 할 수 있는 일이 아니다. 변화를 원하는 이유를 스스로 깨닫지 않으면 안 된다.

변화에는 세 가지 종류가 있다. 가짜 변화, 보통 변화, 그리고 진짜 변화다.

가짜 변화는 의지와 열정만 변한 것이다. 즉 마음속으로만 "이제부터 바뀌어야겠다. 더 열심히 살아야겠다. 운동도 열심히 해야겠다!"라고 결심하는 상태를 말한다. 마음은 굳게 먹었지만 실제로는 아무것도 변하지 않는다. 가짜 변화는 단지 동기가 될 뿐 물리적인 변화가 없기에 결국 다시 공허함만 남는다.

보통 변화는 가짜 변화를 넘어서 실제로 행동으로 이어지는 단계다. 의지와 열정이 물리적인 변화로 이어지면서 시간과 노력이 들어간다. 가짜 변화에서 벗어나 물리적 변화로 나아가는 것만으로도 이미 대단한 성취라고 볼 수 있다. 하지만 이를 실천에 옮기는 사람은 10%도 되지 않는다.

이 보통 변화를 이해하기 쉽게 설명해 보겠다. 최저시급이 만 원이라고 가정하고, 주 40시간을 일해서 한 달에 200만 원을 번다고 하자. 보통 변화는 아르바이트가 끝난 후에도 다른 아르바이트나 부업을 해서 추가로 돈을 벌기 위해 시간을 투자하는 것이다. 이는 자신의 물리적인 시간을 더 많이 사용하여 변화를 이루는 단계다.

하지만 보통 변화에도 한계가 있다. 시간은 한정적이기 때문이다. 더 많은 일을 하고 싶어도, 물리적으로 시간이 부족해 할 수 없게 된다.

진짜 변화는 여기서 시작된다. 진짜 변화는 단순히 더 많은 시간을 투자하는 것이 아니라 나의 가치를 올리는 것이다. 시간당 벌 수 있는 가치를 높이는 것이 핵심이다. 예를 들어, 최저시급이 만 원이었는데, 이를 두 배인 2만 원으로 올릴 수 있다면, 같은 40시간을 일해도 벌이는 2배가 된다. 물리적인 시간에 가치를 더하면, 그 차이는 더 벌어진다.

진짜 변화를 이루기 위해선 보통 변화 단계에서 "시간

을 투자해도 더 이상 큰 변화가 없다."라는 깨달음이 있어야 한다. 바로 이 순간이야말로 나의 가치를 올릴 필요가 있다는 신호다. 여기서부터 진정한 변화가 시작되는데, 그 방법의 하나는 독서와 글쓰기다. 또 다른 방법은 새로운 기술을 습득하거나 자격증을 취득해 나의 가치를 높이는 것이다. 하지만 이 과정은 시간이 오래 걸리기 때문에 많은 사람이 이 단계를 쉽게 넘어서지 못한다.

그러나 진짜 변화하려면, 나의 가치를 올리는 데 집중해야 한다. 나의 가치는 내가 스스로 정할 수 있으며, 높일 수 있다는 것을 알아야 한다.

나는 지금 예전보다 나의 가치가 훨씬 더 올라갔다고 느낀다. 책을 집필하고, 나에게 붙은 여러 수식어가 그 가치를 증명해 준다. 작가, 인플루언서, 블로거 등등 다양한 수식어들이 나를 둘러싸고 있을수록 나의 가치는 점점 높아진다.

하지만 그냥 이루어진 것이 아니다. 독서하는 시간, 글을 쓰는 연습이 필요했고, 그러한 과정들이 모여 전자책 작가가 되었으며, 나아가 종이책을 집필할 수 있는 사람이 되었다. 이제 나는 완전히 다른 사람, 새로운 가치를 가진 사람이 되기 위해 계속해서 준비하고 있다. 정체성을 바꾸어야만 한다. 평범한 군인의 한 사람이었던 나는 이제 작가로 불리고 있다.

글을 쓰는 삶이 나를 바꾸어 주었다. 책을 읽으며 보낸 모든 시간이 내게 힘을 주었다. 나는 진짜 변화를 이루기 위해 나의 가치를 올리는 길을 택했다. 단기적인 보상을 포기하고, 장기적인 보상에 모든 시간을 투자했다. 그 결과, 조금씩 변화가 나타나기 시작했고, 나의 가치도 점점 상승하고 있다.

변화는 지금부터 시작되어야 한다. 더 이상 미루어서는 안 된다는 것을 우리는 이미 알고 있다. 지금이 바로 변화를 시작할 때이다.

편안한 삶의 유혹을 뿌리쳐라

"안전하게 사는 것이 최고다. 불안한 도전을 하는 대신 지금까지 해왔던 것처럼 편안하게 살아라."

내가 작가가 되겠다고 했을 때, 많은 이들이 내게 했던 말들이다. 맞는 말이기도 하다. 안정된 직장, 매달 정해진 월급, 보장된 연금. 그래서 나의 도전이 가치 있는 일인가에 대한 의문이 들 때도 있었다. 대부분의 주변 사람들 또한 반대했다.

사실 나도 편안했다. 출근하고 퇴근만 하면 되었고, 시키는 일만 잘 처리하면 됐다. 13년 동안 내 생각이란 건 크게 중요하지 않았다. 상사의 지시를 충실히 따르고 실수하지 않는 것만으로 충분했다.

　정해진 규칙을 지키고 큰 사고 없이 하루하루를 보내면 안정적인 미래가 보장된 직장이었다. 시간이 지나면 진급할 것이고, 정년퇴직 후에는 연금을 받으며 무난한 노후를 보낼 수 있는 삶. 이 모든 것들이 나에게 주어져 있었다.

　그렇다면, 이런 안정된 삶을 포기할 만큼 작가라는 직업이 큰 매력이 있는가? 프리랜서처럼 언제 어떻게 될지 모르는 불안정한 생활, 책을 내도 성공할지 실패할지 알 수 없는 불확실한 미래. 그 누구도 나의 성공을 보장해 주지 않았다. 그런데도 나는 편안한 삶의 유혹을 떨쳐내고 나만의 길을 걷기로 결심했다.

　안전하고 확실하며 생존 가능한 삶을 유지해야 한다는 불안 속에서도, 우리는 변화를 바라고 더 나은 삶을 꿈꾼다. 그러나 현실 속에서는 새로운 것에 대한 두려움이 자리를 잡는다. 진짜 변화가 가져올 혼란과 불확실성, 그리고 고통을 직면하고 싶지 않기 때문에 안전을 선택하게 된다. 결국 변화 대신 익숙한 안정감을 선택하게 되는 것이다.

개리 비숍은 그의 책 『내 인생 구하기』에서 이렇게 말한다.

> "안전하고 익숙한 것에 중독된 상태에서 새로운 것을 바라지만, 결국 당신은 아는 것을 얻기 위해 진짜 원하는 것을 기꺼이 포기할 것이다."

개리 비숍의 말처럼, 내가 지금까지 살아온 대로 시간을 사용한다면 결국 나는 이미 알고 있는 것만 얻기 위해 내 소중한 시간을 계속해서 내놓아야 했다. 이렇게 살아간다면 나의 미래는 뻔했다. 다람쥐가 쳇바퀴를 도는 것처럼 반복되는 일상, 출근과 퇴근만이 계속될 뿐이었다.

결국 시간이 흐르면 자연스럽게 진급할 것이고, 연금을 받으며 노후를 보낼 것이지만 이 모든 것이 나의 발전을 가로막고 있는 것이었다.

그렇다면 퇴근 후에 내가 굳이 더 노력할 필요가 있을

까? 노력한다고 해서 월급이 오르는 것도 아니었고, 자격증을 취득하거나 좋은 학교를 졸업한다고 해서 연봉이 크게 달라질 것 같지도 않았다. 나는 그렇게 생각했다. 내 주변 선배들이 받는 만큼만 받으면 그만이었다. 그 이상도, 이하도 없을 것이라고 여겼다.

하지만 나는 질문했다. 내가 노력한 만큼 보상받을 수 있는 것은 무엇일까? 내 성장과 발전을 직접적으로 이끌어줄 수 있는 것은 무엇일까? 그 답을 찾기 시작했다. 그 답은 독서였고, 글쓰기였다. 그리고 그 길의 끝에, 작가가 되는 것이 내가 스스로 성장할 수 있는 유일한 방법이라는 결론을 내렸다.

편안함은 우리를 나태하게 하고, 성장의 기회를 가로막는다. 편안함에 빠져 있으면, 우리는 결국 정체된 삶을 살 수밖에 없다. 익숙함 속에서는 새로운 도전을 두려워하고, 변화에 대응하는 능력을 기르지 못한다. 그래서 진정한 성취와 성공을 경험할 기회를 놓치게 된다.

결국, 나는 편안함의 유혹을 거부하고 나만의 길을 걷기로 했다. 익숙한 것에 안주하지 않고, 불확실한 미래를 마주하며 스스로 한계를 넘어서는 길을 선택한 것이다.

편안함을 유지하는 삶은 매일 같은 일상의 반복으로 이어져, 새로운 시도를 두려워하게 만든다. 익숙한 환경과 규칙적인 습관 속에서는 더 이상 도전할 기회가 없기에 성장은 멈춘다. 운동을 예로 들면, 근육을 단련하기 위해서는 점점 더 무거운 중량을 들고, 강도를 높여야만 근육이 성장한다. 같은 무게로 운동을 반복하는 것만으로는 근육이 크게 성장하지 않는다.

편안함은 내면에 잠재된 가능성을 억누른다. 편안한 선택을 반복할수록 우리는 새로운 능력이나 재능을 발견하지 못하고, 자신의 한계를 설정하게 된다.

불편함을 피하고 도전을 거부하면, 내가 진정으로 원하는 것이 무엇인지, 내가 어떤 성과를 이룰 수 있는지 알 수 없다. 반대로, 불편함과 도전을 선택할 때, 우리는 스스로가 어디까지 나아갈 수 있는지 알아가는 힘을 기를 수 있다.

대부분 사람들은 실패나 실수를 두려워해 안전한 선택

을 고수한다. 그러나 인생이란 언제나 불확실성의 연속이다. 우리는 불확실성을 피할 수 없고, 안정감을 원한다고해서 그것이 영원히 지속되리라는 보장은 없다. 오히려안정감이 흔들릴 때, 더 큰 불안감이 우리를 덮칠 뿐이다.

보도 섀퍼는 이렇게 말했다.

뚜껑을 열었을 때 그 결과가 항상 좋은 것이기를 기대하지 마라. 그런 기대가 결정을 미루게 하고, 새로운 결정을 두려워하게 한다.

뚜껑을 열 때 어떤 결과가 나올지 몰라 가슴이 두근거리는 삶을 살아야 한다.

결과는 정말 아무것도 아니다.

지금 가슴이 두근거리는 삶을 살고 있는가? 아니면 내일 몇 시에 출근하고, 퇴근 후 무엇을 할지까지 뻔히 그려지는, 예상된 삶을 살고 있는가? 가슴을 뛰게 하는 삶을 살기 위해서는 결과가 보장되지 않는 선택을 해야만한다. 우리는 흔히 좋은 결과만이 '결과'라고 생각하지만사실 나쁜 결과 역시 우리 삶을 더욱 성장시키는 원동력이 된다.

돌이켜보면, 오히려 내가 겪었던 나쁜 결과들이 나를 더 발전하게 해 주었다. 실망스러운 결과를 맞이하고 싶지 않기에 더 노력했고, 그래서 더 나은 삶을 살 수 있었다. 내가 도전하지 않고 안전한 삶만을 추구했다면, 그 두근거림조차 없었을 것이다. 결과를 알 수 없는 도전을 할 때마다, 우리는 설렘과 두근거림을 함께 느낀다.

지금 내가 두 번째 책을 집필하며 가슴이 두근거리는 것처럼 말이다. 이 책에는 어떤 메시지를 담을까? 어떤 사람들이 내 책을 읽어 줄까? 그 설렘과 기대는 나를 더욱 움직이게 한다. 만약 내가 예전처럼 안락한 삶을 그대로 살았다면, 이런 질문조차 자신에게 던지지 않았을 것이다.

"이렇게 해야 한다." 라고 가르쳐 주는 전통도 없고, "이렇게 하는 것이 옳다"고 말해 주는 본능도 없다. 때로는 스스로도 내가 진정으로 무엇을 원하는지 모를 정도가 된다. 그 결과, 남이 하는 대로 따라 하거나 남이 시키는 대로 사는 사람이 되어버린다.

_빅터 프랭클, 『죽음의 수용소에서』

돌이켜보면, 나 역시 그렇게 살고 있었다는 것을 깨달았다. 내 생각은 없었고, 세상이 정해 준 직업과 기준에 따라 움직였다. 스스로 정하지 않고, 남이 정해 준 대로 살았다. 남들이 가는 길을 따라가면서도 의심하지 않았던 이유는, 내 주변 사람들 역시 모두 그 길을 걷고 있었기 때문이다. 스스로 주도해서 무언가를 이룬 적은 거의 없었고, 그저 누군가 시키는 대로 살아왔던 삶이었다.

　내가 가진 생각과 주관이 더 중요한데도, 나는 언제나 남의 충고와 조언이 내 생각보다 더 중요하다고 여겼다. 그래서 나의 길이 아닌, 남이 알려준 길을 걸어갔다. 의심하지도 않고, 그저 따라갔다.

　가치 있는 것에는 반드시 대가가 따른다. 그 대가는 힘들고 괴로운 고통일 수 있다. 그런 시련을 피하면 꿈을 잃게 되고, 반대로 편안함을 버리고 불편함을 선택하면 꿈을 이룰 수 있다. "지금의 삶이 편안하다면, 이미 내리막길을 걷고 있는 것이다."라는 말이 있다. 반면, 내가 힘들고 불편하다면, 그것은 내가 원하는 곳으로 나아가고 있다는 증거다.

매일 독서하고 글을 쓰는 것도 내가 의식적으로 선택
한 불편함이다. 늦게 자고 늦잠을 자는 것이 분명히 더
편안할 수 있지만 나는 불편함을 선택했다. 여기서 말하
는 불편함은 단순히 마음을 불편하게 하는 것이 아니다.
나를 발전시키고 성장시키는 과정에는 반드시 고통이 따
른다는 의미다. 편안한 삶의 유혹을 뿌리치는 순간, 내가
원하는 모습으로 나아가는 유일한 길이 열린다.

　　편안함 속에서는 발전이 없다. 불편함을 선택하는 순
간, 나는 매일 나 자신과의 싸움에서 이겨내고, 한 걸음
씩 더 나아간다. 내가 원하는 것은 쉽게 얻어지는 것이
아니며, 그 길에는 반드시 장애물이 있을 것이다. 하지만
그 장애물을 넘을 때마다 나는 더 강해지고, 더 많은 것
을 이룰 수 있다.

쉬운 것은 누구나 할 수 있다

쉽고 편안한 일은 특별한 능력이나 의지가 없더라도 누구나 할 수 있다. 익숙하고 어렵지 않은 일을 선택하는 이유는 즉각적인 보상을 받을 수 있기 때문이다.

그런 선택은 성장에 도움이 되지 않는다. 누구나 할 수 있는 일을 반복하는 것은 결국 같은 결과를 내며, 남들과 차별화되지 않는 삶을 살고 있다는 의미이기도 하다.

나는 언제나 쉽지 않은 길을 선택하며 살아왔다. 하루에 한 권씩 책을 읽고 매일 글을 쓰는 삶을 선택했다. 누군가는 나에게 물었다.

"하루에 한 권을 읽는 게 가능한가요?"

하루에 한 권을 읽기 위해서는 모든 시간을 투자해야 했기 때문이다. 하지만 나는 믿었다. 일주일에 한 권, 한 달에 몇 권씩 읽는 사람들은 많지만 하루에 한 권씩 꾸준히 읽는 사람은 그리 많지 않을 거라고.

남들보다 빠르게 성장하려면 더 많은 노력을 기울여야 한다고 생각했다. 단순히 다른 노력이 아니라 남들과는 완전히 차별화된 노력을 해야만 내가 진정으로 원하는 삶에 한 발짝이라도 더 가까워질 수 있다고 믿었다.

블로그에 글을 쓰기 시작할 때도 마찬가지였다. 하루에 한 개의 포스팅을 올리는 것은 누구나 할 수 있다. 그렇다면 나는 매일 3개나 5개씩 올려보자고 결심했다. 그렇게 함으로써 나는 남들보다 더 성장할 수 있지 않을까 하는 생각이 들었다.

진정한 성장은 남들이 시도하지 못하는 것에 도전할 때 이루어진다. 도전은 남이 쉽게 가지 않는 길을 선택하는 것이며, 그 길에는 새로운 가능성과 기회가 열린다.

아무도 가지 않은 길, 너무 어려워서 상상조차 못 한 일을 시도할 때, 나는 남들과는 다른 사람이 될 수 있다.

남들이 가지 않은 길에 발을 들이면, 그 길의 끝에 무엇이 기다리고 있을지는 아무도 모른다. 그러나 그 길을 걷는 동안 그 누구도 경험하지 못한 것을 배울 수 있다.

한번은 모임에서 누군가가 나에게 이렇게 물었다.

"어떻게 SNS를 이렇게 빠르게 성장시키셨나요? 특별한 비법이라도 있으신가요?"

사실 나는 특별한 비법 같은 것은 세상에 존재하지 않는다고 생각한다. 만약 그런 비법이 있었다면, 누구나 쉽게 성공하지 않았을까? 그래서 나는 내가 해온 방법을 솔직하게 이야기해 주었다.

"저는 매일 게시글을 많이 올립니다. 릴스도 20분마다 하나씩 올립니다. 몇 개를 올리는지는 정확히 세어보지는 않았지만, 하루에 30개 이상은 올리는 것 같습니다."

나의 이야기를 들은 그 사람은 깜짝 놀라며 되물었다.

"그게 가능한가요?"

"사실 불가능해 보이지만, 계속하다 보니 가능하더라고요. 중요한 건 꾸준함과 시간을 투자하는 겁니다. 특별한 방법이 있다기보다는 그냥 매일 꾸준히 쌓아가는 것입니다."

꾸준한 노력이 남들과 다른 결과를 만들어내는 유일한 방법이라는 사실을 깨달았다. 특별한 비법을 찾기보다, 꾸준함을 통해 가능성을 현실로 만들어가는 것이 나의 방식이었다.

모든 것이 그렇다. 처음에는 누구나 열정적으로 시작하지만 시간이 지나면 많은 사람이 더 쉬운 길을 찾으려고 한다. 더 쉽게 글을 잘 쓰는 방법, 더 빠르게 성장할 수 있는 비법을 찾는 데 시간을 낭비하는 경우가 많다. 하지만 그런 비법은 존재하지 않는다.

글을 더 잘 쓰고 싶다면, 단 하나의 길밖에 없다. 더 많이 읽고, 더 많이 써야 한다. 그게 유일한 방법이다. 남들보다 더 많은 노력을 기울이고, 시간을 투자해야 한다. 더 쉬운 길을 찾기보다는 어려운 길을 가는 것만이 진정한 성장을 가져다 준다.

나는 군 생활을 하면서 경연대회에 자주 나갔다. 교관

으로서 과목에 대한 평가를 받는 자리였다. 특별한 방법이 있었느냐고 묻는다면, 없다. 그저 밤을 새워가며 과목 내용을 철저히 외우고, 틀리지 않도록 매일같이 말하는 연습을 반복했을 뿐이다. 한 달 내내, 단 하루도 빠짐없이 공부하고 연습했다.

70km 행군을 하루 만에 끝내고 부대에 도착했을 때, 나는 심신이 탈진한 상태였다. 그런데 2일 뒤에 교관대회가 있다는 소식을 들었다. 몸은 천근만근 무겁고, 잠도 제대로 자지 못해 피로가 몰려왔다. 하지만 이번 대회는 내게 처음으로 주어진 기회였다. 그 순간, 나는 자신에게 물었다.

"지금 잠을 자면 과연 좋은 성적을 받을 수 있을까?"

결론은 간단했다.

"아니."

그래서 나는 그날 당직을 자원했다. 비록 피곤한 몸이었지만 그 시간마저 활용하지 않으면 좋은 결과를 내지 못할 것이라는 불안감이 들었다. 그냥 쉬는 건 내 선택지가 아니었다. 주변에서는 만류했다.

"무리하는 거 아니야? 이제 막 훈련 끝나고 돌아왔는

데 좀 쉬어."

하지만 나는 고개를 저었다.

"시간이 얼마 남지 않았습니다. 지금 하지 않으면 결국 피곤하다는 이유로 하루를 흘려보낼 겁니다."

그렇게 나는 자발적으로 당직에 나섰다. 남들이 모두 쉬는 날, 나는 교범을 탐독하며 경연대회를 준비했다. 눈꺼풀이 무거웠지만 내 마음은 이길 수 없었다.

그 결과는 다음 날 당당히 1등을 차지하는 것으로 나타났다.

그게 유일한 길이었다. 더 쉬운 방법은 존재하지 않았다. 게임이든, 운동이든, 글쓰기든 모든 것에 동일하게 적용된다고 생각한다. 사람마다 능력의 차이는 있을 수 있지만 결국 시간을 더 많이 투자하고 더 열심히 연습한 사람이 앞서 나가게 마련이다.

특별한 비법을 찾는 사람들은 결국 성장하지 못한다. 설령 그 비법을 누군가 가르쳐 준다고 해도, 얻을 수 있는 결과는 제한적일 수밖에 없다. 가르쳐 준 대로만 하려고 하고, 스스로 한계를 넘는 노력을 기울이지 않기 때문이다.

어려운 것을 스스로 선택해야 한다. 쉬운 선택만으로는 아무것도 이룰 수 없다. 내가 지금 하려는 일이 누구나 할 수 있는 일이라면 나는 성장할 수 없다. 힘든 선택을 하면 할수록, 그 선택은 나에게 새로운 성장의 기회를 열어 줄 것이다.

쉬운 길을 선택할수록, 내가 원하는 방향으로 가는 길에는 점점 더 많은 장애물이 쌓이게 된다. 쉬운 선택과 어려운 선택 사이에서 언제나 어려운 선택을 하는 것이 나를 이기고 앞으로 나아가는 첫걸음이다. 힘들고 고통스럽고 복잡한 선택을 할수록 내 인생은 점점 더 단순하고 명확해질 것이다. 하지만 모두가 할 수 있는 쉬운 선택만 골라서 한다면, 내 인생은 점점 더 복잡해지고 어려워질 것이다.

불편함을 스스로 선택할수록, 그 불편함이 내가 원하는 미래로 천천히 이끌어 줄 것이다. 편안한 상태에 머물러서는 아무것도 바뀌지 않는다. 불편함을 기꺼이 선택할 용기를 갖고 매일 불편한 길을 걷다 보면, 마침내 내가 바라던 미래가 눈앞에 펼쳐질 것이다.

첫 책을 내고 난 후, 평소 알고 지내던 선배에게 연락이 왔다. 자신도 책을 한 번 써보고 싶다는 거였다. 그를 잘 알기에 '글을 쓸 수 있을까?' 라는 의문이 들었다. 책을 집필한다는 것은 의지 하나로 되는 일이 아니기 때문이다. 충분한 인풋과 글쓰기 연습이 필수적이다.

그래서 나는 이렇게 물었다.

"어떤 책을 쓰고 싶으십니까?"

"나의 자서전을 써보고 싶어."

"자서전이라면 에세이 형식이네요. 에세이 책을 많이 읽어보셨습니까?"

"아니, 책은 많이 읽지 않았어. 그래도 책을 써보고 싶어."

솔직히 말하면, 나는 불가능하다고 생각했다. 책을 많이 읽은 것도 아니었고, 그렇다고 글을 써본 경험이 있는 것도 아니었다. 그런데 자신의 이야기를 에세이 형식으로 내고 싶어 했다.

그래서 나는 한 가지 제안했다.

"그렇다면 적어도 에세이 100권을 읽고, 100일 동안 블로그에 글을 쓰며 연습하는 것을 추천해 드립니다."

나의 말을 들은 선배는 놀라며 되물었다.

"100권을 읽고, 100일 동안 글을 써야 책을 쓸 수 있다는 거야? 더 빠른 방법은 없을까?"

"없습니다. 충분한 인풋이 없고, 글쓰기 연습이 쌓이지 않으면 제대로 된 책을 쓸 수 없습니다."

그 이후로 연락이 오지 않았다. 아마도 내가 작가가 되고, 강연을 다니며 내가 원하던 삶을 사는 모습이 좋아 보였기 때문에 연락을 했을 수도 있다.

결과만 바라보는 사람들은 그 결과를 만들기까지의 과정을 보지 않는다.

나는 첫 책을 집필하기 위해 1년간 400권의 책을 읽고, 단 하루도 빠지지 않고 블로그에 글을 올려왔다. 그러한 시간이 있었기에 책을 집필할 수 있었다. 하지만 대부분 사람들은 이런 노력을 보지 못하기에 과정을 쉽게 생각할 수도 있다. 편안함만을 선택하며 지냈다면, 나 역시 책을 낼 수 없었을 것이다. 혹여 책을 냈다고 하더라도, 지금과 같은 결과는 없었을 것이다.

참을 만한 고통은 고통이 아니다

"이 정도면 괜찮지."

"이 정도면 나쁘지 않아."

"이 정도면 충분해."

어디까지가 '이 정도'인지 정확히 알 수 없다. 사람마다 자신의 기준에 맞춰 '이 정도'를 설정하기 때문이다. 나 역시 스스로 "이 정도면 괜찮은 삶이야."라고 말하며 위로해 왔다. 그렇게 계속 다짐하듯 말하며 살아가다 보면, 과연 그 이상의 노력을 해야 할 필요가 있을까? 그렇지 않다. "이 정도면 괜찮다."라고 스스로 설정해버렸으니까.

문제는 인생 여정이 점점 발전하기는커녕 뒤처지는데도 아직 최악의 상황에 이르지 않았으니 참을 만하다고 느끼며 버티는 것이다. 주변에서 말리는 사람들의 이야기, 경제적인 이유, 불확실한 미래, 타인의 시선이 내가 진정으로 원하는 길로 나아가지 못하게 붙잡고 있었다.

나 또한 결정을 내리기 전 마음이 흔들리고 갈팡질팡하고 있었다. 결정을 내리지 못하고 의혹 속에서 계속 맴돌았다. 마음속으로는 빠르게 결정을 내리고 실행하고 싶었지만 그게 말처럼 쉽지는 않았다. 그래서 하루하루 고민만 하며 시간을 보내게 되었다. 고통이 참을 만하기에 그저 버티면서 살아갔던 것이었다는 사실을 깨닫기까지는 오랜 시간이 걸렸다.

참을 만한 고통을 견디다 보면 점차 더 큰 상처로 악화한다. 처음에는 작은 상처였던 것이 시간이 지나면서 같은 곳을 계속 다치게 되면 결국 더 큰 상처로 변해버리는 것처럼. 나도 그랬다. 처음에 작은 불편함이라고 생각했던 것이, 점점 나를 크게 아프게 만들었다.

한 번은 다른 지역에서 훈련을 나간 적이 있다. 당시 내 근무지는 강원도였다. 추위가 극심한 곳이었다. 그리고 복귀할 때는 100km를 한 번에 걸어 복귀해야 한다는 명령이 내려왔다.

100km라니… 전에 천리행군으로 400km를 걸은 경험이 있었지만 그때는 하루에 40km씩 나누어 걸었기 때문에 쉬지 않고 100km를 걷는 것은 큰 부담으로 다가왔다.

하지만 어쩔 수 없었다. 명령이 내려지면 따라야 했다. 그게 군인이었다. 그렇게 100km 행군이 시작되었고, 나는 행군 내내 많은 생각을 했다.

'앞으로 얼마나 더 남았을까? 얼마나 걸어온 걸까?'

전투복 주머니 속에 작은 수첩이 들어 있었는데, 수첩이 걸을 때마다 위아래로 움직였다. 크게 신경 쓰지 않았다. 고통을 주지 않았고, 걷는 데 크게 방해가 되지 않았기 때문이다.

시간이 점점 지나면서 전투복은 땀으로 흠뻑 젖었고, 체력도 점점 바닥나고 있었다. 하지만 멈출 수는 없었다.

나뿐만 아니라 모든 사람이 같은 길을 걷고 있었으니, 포기할 수 없었다.

24시간이 지나고 다시 새벽이 밝아왔다. 이제 남은 거리는 약 20km였다.

어깨는 군장의 무게에 짓눌려 멍이 들었고, 발바닥은 마치 용암 위를 걷는 것처럼 뜨거운 통증이 계속되었다.

결국 28시간 만에 100km 행군을 완주했다. 스스로 뿌듯함을 느꼈고, 해냈다는 성취감에 몸이 가벼워지는 것 같았다. 하지만 숙소로 돌아와 전투복을 벗으려고 할 때 허벅지에서 이상한 통증이 느껴지기 시작했다. 바지를 벗어보니 오른쪽 허벅지에 약한 화상이 생겨 있었다. 수첩이 있던 곳이었다. 처음에는 작은 불편함이었을 뿐이지만 시간이 지나면서 더 큰 상처로 변한 것이다.

처음엔 별것 아니라고 생각했던 수첩이, 28시간 동안 내 허벅지를 계속 자극하며 상처를 입힌 것이었다. 무시하고 방치한 작은 불편함이 결국 화상이라는 큰 고통으로 돌아온 것이다. 그 작은 고통을 견딜 만하다고 여겨 주머니에서 수첩을 꺼내지 않은 결과였다.

인생에서도 마찬가지다. 참을 만한 작은 문제를 방치하면, 결국 그 문제가 더 큰 상처로 돌아온다. 참을 만한 고통이라도 무시하면 어느새 더 큰 고통을 몰고 올지도 모른다. 마치 내 주머니 속에 들어 있던 수첩처럼 말이다.

내 인생이 이대로 흘러가도 괜찮은가? 아니면 단지 참을 만한 고통이기에 계속해서 견디고 있는 것은 아닌가? 진정으로 내가 원하는 일이 있지만 아직은 견딜 수 있으니까, 아직은 큰 문제가 없으니까 참고 있는 건 아닌지 자신에게 물어볼 필요가 있다.

개리 비숍은 이런 말을 했다.

결국 당신을 성공하지 못하게 막는 것은 세상이 아니다. "당신이 뭐 그리 대단한 사람이라고. 우주는 당신을 성공시키기 위해서도, 실패시키기 위해서도 공모하지 않는다. 당신을 멈추게 만드는 유일한 것은 무언가가 나를 멈춰 세웠다는 생각에 당신이 동조했을 때다. 그때야말로 당신은 정말로 멈춘다."

이 말을 곱씹어 보면, 지금 내가 멈춰 있는 이유는 무엇인가? 혹은 참을 만한 고통을 견뎌내고 있는 이유는 무엇인가? 내가 진정 원하는 것을 향해 나아가는 데 있어서 가장 큰 장애물로 느껴지는 것은 무엇인가? 대부분의 사람들이 경제적인 이유를 꼽을 것이다. 결국, 성공에 대한 확신이 부족하고 더 나은 삶을 추구하기엔 두려움이 앞서기 때문이다.

내가 지금 이 일을 포기하고 진정으로 원하는 일을 한다고 해서 반드시 성공할 수 있을 거라는 확신이 없어서 주저하는 건 아닐까? 그렇다면 만약 그 경제적 문제만 해결된다면, 지금 버티고 있는 삶을 과감히 뒤로하고 자기 삶을 살기 위해 나아갈 수 있을까? 사실, 경제적 문제는 다른 방식으로 해결할 수 있는 부분이다. 굳이 참는 삶을 선택하지 않더라도 말이다.

그러나 많은 사람은 멈출 것이다. 앞으로 나아갈 용기를 찾지 못할 것이다. 왜냐하면 '참을 만한 고통'을 견뎌야 할 이유만을 찾고 있기 때문이다. 중요한 것은, 참지 말고 나아가야 할 이유를 찾는 것이다. 그 이유는 무엇인가? 내가 진정으로 원하는 삶을 살기 위해 왜 지금 나아가야 하는가?

대부분 사람들은 참으면서 기다리고만 있을 것이다.

상황이 더 나아지길 바라면서, 더 나은 기회가 오기를 기다리며 시간을 흘려보낼 것이다. 그리고 대부분은 후회하게 된다. 자기 삶을 살지 못한 채 흘려보낸 시간을, 하고 싶은 일을 하지 못한 선택을 후회하며 살아간다.

고통은 단순히 견뎌내는 것이 아니라 변화의 신호일지 모른다. 내 주머니 속에 있던 작은 수첩처럼 처음에는 그 고통을 인지하지 못할 수 있다. 아니, 그 작은 불편함이 결국 나에게 큰 고통을 가져다 줄 것이라는 생각조차 하지 못한 채 말이다.

하지만 마음에도 없는 일을 지속하며, 매일같이 가기 싫은 출근을 반복하는 동안 몸과 정신은 점차 지쳐간다. 그 스트레스를 방치하다 보면 결국 더 큰 병으로 다가오기 마련이다. "만병의 근원은 스트레스"라는 말이 괜히 있는 것이 아니다.

스트레스를 계속해서 방치하면, 그 끝은 큰 고통으로 이어진다. 반면, 사람은 좋아하는 일을 할 때 스트레스를 느끼지 않는다. 내가 매일 책을 읽고 글을 쓰는 이유도 바로 그 때문이다. 나는 진심으로 좋아한다. 가끔은 글이 잘 써지지 않아 답답할 때도 있지만, 그 고통은 억지로 일을 하는 사람의 스트레스와는 다르다.

더 나은 글, 더 깊은 인사이트를 찾기 위한 성장 과정이라고 생각한다. 그래서 나는 이 고통조차도 기꺼이 받아들인다.

어떤 일을 하든 고통은 피할 수 없다. 나 역시 이 길을 선택하면서도 여전히 고통을 겪고 있다. 하지만 그것은 내가 선택한 고통이다. 내가 선택한 것이기에 그 고통조차도 즐겁다. 내가 하고 싶은 일을 하면서 겪는 고통이 차라리 낫다고 생각했고, 그 선택이 나를 지금의 자리로 이끌었다.

이전의 삶은 달랐다. 그때의 스트레스는 더 극심해졌고, 즐거움은 찾아볼 수 없었다. 경제적 이유로 억지로 일하고 있었을 뿐이다. 출근하자마자 나의 웃음은 사라졌고, 다음날의 일정을 생각하면 그 전날부터 스트레스를 받곤 했다. 참을 만한 고통이라고 여겼기에 그렇게 계속 참아왔다.

이제 더 이상 참기만 하는 삶에서 벗어나야 한다. 참을 만한 고통이 결국은 더 큰 상처로 이어진다는 것을 깨닫고, 내가 진정으로 원하는 길로 나아가는 것이 중요하다.

산책에서 배운 5가지 힘

인생을 바꾸기 위해서는 단 하나만 바꾸면 된다. 그 한 가지가 내 삶에 지금껏 없었던 무언가로 들어오면, 그 순간부터 인생은 서서히 변화가 일어나기 시작한다.

나에게 변화의 시작은 독서였다. 34년 동안 한 번도 책을 제대로 읽어본 적이 없었다. 아니, 굳이 읽을 필요성을 느끼지 못했다고 말하는 게 더 정확할 것이다. 책을 읽지 않아도 살아가는 데 큰 문제가 없다고 생각했다.

책을 읽기 시작하면서 자연스레 책을 쓰고 싶다는 욕

구가 생겼다. 쉽지 않은 일이었다. 글을 써본 경험도 없었는데, 어떤 글을 쓸 수 있겠는가. 그래서 그 접근 방법으로 블로그를 시작했다. 매일 블로그에 글을 써서 올리다 보니 글을 잘 쓰는 사람들이 눈에 들어오기 시작했다. 그렇게 자기계발 커뮤니티에 참여하게 되었고, 블로그뿐만 아니라 다른 SNS에 대해서도 알게 되었다.

다른 SNS를 키우기 위해서는 더 좋은 글을 찾아 읽어야 했다. 공감이 가는 글부터 유머가 넘치는 글까지, 그 전까지는 생각지도 못했던 다양한 글들이 눈앞에 펼쳐졌다. 커뮤니티에서 꾸준히 활동하니 마침내 많은 사람 앞에서 강연을 할 수 있는 기회가 생겼다. 강연을 하면서 나를 알아보는 사람들이 점점 늘어났다.

그렇게 나는 원했던 최고의 동기부여 강사로 조금씩 나아가고 있었다. 한 번도 도전해 보지 않았던, 수많은 사람이 이야기했던 그 '독서'라는 것이 내 삶을 180도 바꿔놓기 시작했다. 단 하나의 힘이 이렇게 무서운 줄 몰랐다. 책을 읽기 위해서 내 삶의 모든 것이 서서히 바뀌었다. 시간, 장소, 환경까지 모든 것이 독서를 기준으로 돌아가고 있었다.

그러다 보니 자연스럽게 만나는 사람도 바뀌었고, 환경도 변화했다. 그리고 무엇보다 글을 쓰기 시작하면서 내가 동경하던 '작가'라는 타이틀을 얻을 수 있었다. 작가가 되고 나니 영향력이 점점 커지면서 더 많은 사람에게 도움을 줄 수 있는 사람이 되어가고 있었다.

나에게 가져온 그 변화는 독서였지만, 여러분에게는 무엇이 될지 모른다. 중요한 것은, 삶을 발전시킬 수 있는 단 하나의 것을 추가하는 순간 모든 것이 변할 수 있다는 사실이다. 나는 더 이상 글을 쓰기 전의 삶으로 돌아갈 수 없을 것 같다. 글의 힘을 알았고, 책의 힘을 깨달았기 때문이다.

아직 그 힘을 경험하지 못한 사람은 평생 그 기적을 모른 채 살아갈 지도 모른다. 삶이 점점 더 뻔해지고, 매일 반복되는 일상에 갇혀 있다는 느낌이 든다면, 지금 당장 전혀 해보지 않았던 무언가를 시작하라는 신호일지도 모른다.

나 역시 2024년을 맞이하며, 계획표에 한 가지를 적어두었다. 그것은 '독서 모임'을 만드는 것이었다. 이전에는 단 한 번도 독서 모임을 운영해본 적이 없었기에, 이미 이끌어 본 경험이 있는 분들에게 조언을 구하기로 했다. 어떻게 시작해야 할지, 운영 방식은 어떻게 해야 할지 방법을 물어보며 준비를 시작했다.

그때 블로거 한 분이 내게 뜻밖의 조언을 해 주었다. "독서도 중요하지만, 반드시 한 가지를 추가해야 한다." 라며 그가 강조한 것이 있었다. 그것은 '산책'이었다. 산책? 처음엔 의아했다. 군 복무 시절, 그토록 많은 거리를 걸었건만 굳이 따로 시간을 내서 산책을 할 필요성을 느끼지 못했다. 하지만 그분은 산책의 중요성을 거듭 강조했다.

자기계발 서적에서도 명상, 산책, 사색의 시간을 중요하게 다루고 있다는 것은 익히 알고 있었다. 나는 그 산책 시간을 대체해 사우나에서 혼자 사색하는 시간을 보내며 나만의 방법을 찾았다고 생각했다. 굳이 산책을 따로 한다고 해서 크게 달라질 것 같지 않았다.

하지만 한 번 깊이 생각해 보니, 태어나서 '매일 산책을 한 적이 있었을까?' 라는 질문이 떠올랐다. 없었다. 진정한 변화를 원한다면, 내가 한 번도 해보지 않은 일을 시도하는 것이 필요하다는 것을 다시 깨달았다.

그렇게 나는 아는 분의 조언을 따르기로 마음먹고, 2주 뒤에 독서 모임을 시작하기로 결심했다. 그리고 산책을 모임에 포함하기로 했고 한 가지 확신이 들었다. 모임을 이끄는 내가 먼저 그 산책의 힘을 느껴보지 못한다면, 모임에 참여하는 이들에게도 그 의미를 전달하지 못할 것 같았다.

그렇게 나는 생애 처음으로 산책하러 나가게 되었다.

처음 걸음을 내디뎠을 때, 자연과 하나가 된 듯한 그 순간은 그동안 내가 왜 이런 시간을 가져보지 않았을까 하는 아쉬움을 남겼다. 발걸음 하나하나가 마음을 비우는 시간이었다. 걸음을 옮길 때마다 내 머릿속에 복잡하게 얽혀 있던 생각들이 풀리기 시작했고, 그동안 몰랐던 새로운 깨달음들이 떠올랐다.

산책은 단순히 몸을 움직이는 것이 아니었다. 생각의 틈을 넓혀 주고, 새로운 관점을 선사해 주는 시간이 되었다. 자연의 소리를 들으며 걷는 그 시간이야말로, 내가 그동안 간과했던 중요한 '사색의 시간'이었다.

산책을 계속하면서 깨달은 것들이 있다.

첫째, 생각을 정리하는 데 탁월하다.

산책을 하며 정말 많은 생각들이 떠올랐다. 지금 내 앞에 놓인 문제들, 앞으로 나아가야 할 방향성, 이루고 싶은 목표까지. 내가 원하는 목표를 달성하기 위해 무엇을 해야 할지 이렇게 깊게 생각해 본 적이 많지 않았던 것 같다. 산책 중에 머릿속에 꼬여 있던 문제들이 차례차례 풀려가는 경험을 했다. 걸음을 옮기면서 생각의 실타래가 하나씩 풀리는 것처럼, 머릿속이 정리되고 나아가야 할 길이 보이기 시작했다.

둘째, 온전히 나만의 시간이다.

집에서 혼자 독서하고 글을 쓰며 나만의 시간을 보냈다. 하지만 밖으로 나가 유유자적 걸으면서 갖는 시간은 또 다른 느낌이었다. 산책 중에는 모든 것에서 잠시 벗어난 듯한 자유를 느꼈다. 평소 핸드폰을 자주 사용했지만,

산책하는 동안만큼은 핸드폰을 내려놓았다. 그 순간만큼은 독서, 글쓰기, SNS 모두 잊었다. 오로지 나 자신에게만 집중하며 걷는 이 시간이, 다른 어느 시간보다 소중하고 특별하게 느껴졌다.

셋째, 도착지가 없다.

산책을 나설 때, 어디로 가야겠다는 정해진 목표가 없었다. 걸음을 내딛는 것이 나의 유일한 목표였다. 평소에는 항상 목적지를 정하고 최단 경로를 선택해 빠르게 도착하는 것이 목표였다. 출근을 위해 최적의 경로를 찾고, 효율을 따져가며 길을 선택하던 삶이었다. 하지만 산책을 할 때는 도착지가 없으니, 오히려 내 삶의 목적에 대해 더 깊이 생각하게 되었다. 출퇴근만을 반복하며 시야가 좁아진 나에게, 목적지 없는 산책은 시야를 넓히는 시간이 되었다.

넷째, 평소에 눈에 띄지 않던 것들이 보이기 시작했다.

산책하다 보니, 매일 지나치던 길에서도 새로운 것들이 눈에 들어오기 시작했다. "아, 여기에 이런 가게가 있었구나."“여기에 치킨집이 있었구나." 하는 깨달음들이 이어졌다. 매일 다니던 길이었지만 주변을 돌아보니 그동안 미처 보지 못했던 것들이 눈에 들어왔다. 주변을 바라보는 새로운 시각을 얻게 된 순간이었다.

다섯째, 마음이 안정된다.

“해야 한다."라는 압박감에서 조금 벗어난 느낌이었다. 테이크아웃한 커피 한 잔을 손에 들고 주변을 거닐다 보면, 그동안 삶에서 나를 조여 오던 긴장감이 스르르 풀어졌다. 짧은 시간이었지만 그동안 쌓여 있던 압박감이 사라지고 마음이 한결 편안해졌다. 산책할 때만큼은 내 마음이 잔잔한 호수처럼 평온해진다는 것을 깨달았다.

산책은 단순히 걸음을 옮기는 행위가 아니었다. 나를 돌아보게 하고, 평소의 시각에서 벗어나 새로운 시야를 열어주는 소중한 시간이었다.

산책이라는 단 하나의 행동을 내 삶에 적용했을 뿐인데, 정말 많은 것을 깨달을 수 있었다. 지금도 나는 매일 산책을 나선다. 어떤 날은 많게는 두 번 이상 나갈 때도 있다. 글을 쓰다가 머릿속이 복잡해지거나 문제 해결에서 막힐 때면 어김없이 산책하러 나간다.

누군가는 산책과 실행력이 무슨 연관이 있냐고 생각할수도 있다. 하지만 내가 실행에 옮기기 위해서는, 무엇보다 내가 원하는 인생의 목적을 명확히 알아야 하고, 머릿속에 엉킨 생각들을 풀어내는 것이 중요하다. 산책은 그과정을 도와준다. 산책하다 보면 복잡했던 생각들이 차분하게 정리되고, 목표를 향한 실행에 대한 결단력이 자연스럽게 따라온다.

수많은 책에서 산책을 권장하는 이유를 이제는 깨닫게되었다. 산책은 단순한 운동 그 이상이다. 나 자신을 돌아보고, 내 삶의 방향을 다시 한 번 고찰할 수 있게 해 주는 소중한 시간이다. 책 중에서도 가장 좋은 책이라고 알려진 '산책', 그 힘을 반드시 경험해 보기를 바란다. 산책은 마음의 거울이 되어, 내면의 소리와 대화할 수 있는시간이고, 동시에 나를 행동으로 이끄는 원동력이 된다.

삶의 길을 찾고 싶다면, 한 가지만 바꿔라.

가장 강력한 동기부여,
절실함과 절박함

절박함이 있는가? 내 삶을 바꾸겠다는 의지가 충분히 강했는가?

나에게는 그에 대한 절박함이 있었다. 좋지 않은 일이 한꺼번에 나를 덮쳤을 때, 나는 그것을 견뎌낼 힘이 없었다. 삶을 포기할 뻔한 순간이 찾아왔다. 그런데 그때, 우연히 한 권의 책을 만나게 되었고, 나는 미친 듯이 그 책을 읽어나가기 시작했다. 어쩌면 그 책이 나를 하루라도 더 살게 해 준 유일한 힘이었을지도 모른다. 책이 아니었더라면 나는 그 고통을 견딜 수 없었을 것이다.

살고 싶다는 간절함, 그 절박감이 나를 붙잡았다. 누구나 말하지 못할 자신만의 아픔이 있고, 자기 삶 속에서 전쟁을 치르고 있다고 생각한다. 누구나 목적을 가지고 살아가지만, 외부의 문제들에 의해 그 목적을 보지 못하고 지나가는 경우가 많다.

첫 책을 집필한 후, 북토크에서 팬들과 만난 적이 있었다. 그 자리에서 한 팬이 나에게 이렇게 질문했다.

"안정된 직장을 포기하고 자신의 길을 가겠다는 결정을 내리는 것이 쉬운 일이 아닌데, 어떻게 그런 결심을 하게 되었나요?"

나는 그 질문에 솔직하게 답했다.

"절박함 때문입니다. 너무 힘들었습니다. 어쩌면 오늘 번개탄을 살지도 모른다는 생각이 들 정도로 말입니다. 모든 것을 포기하니 내일이 보이지 않았고, 길을 걷다가 우연히 한 권의 책을 발견하게 되었죠. 그 책의 제목이 마치 저에게 말을 거는 것 같았습니다. 그래서 책을 집어 들고, 퇴근하자마자 곧장 스터디카페로 가서 생애 처음으로 책을 읽었습니다. 그 순간 살고 싶다는 생각이 들었죠. 그래서 책을 손에서 놓지 않았습니다. 그 책이 저를 살게 해 주었으니까요."

나의 이야기를 들은 사람은 그제야 이해하는 듯한 눈빛으로 나를 바라보았다.

그렇다. 나는 살기 위해 책을 읽었고, 그 절박한 마음이 나를 버티게 했다. 시간이 지나면서 그 절박함은 내 책을 내고 싶다는 강한 열망으로 변했다. 아무리 피곤해도 퇴근 후에 원고를 작성했고, 매일 자신과의 싸움을 계속 이어갔다. 포기하고 싶은 마음이 들 때도 많았지만, 내 이름으로 된 책을 세상에 내놓고 싶다는 그 절박함이 나를 끌어당겼다.

객관적으로 자신을 돌아보며 이런 질문들을 던져본다. 내가 남들보다 더 많은 노력을 했을까? 솔직히, 아니었다. 그렇다면 내 능력이 남들보다 뛰어났을까? 그것도 아니었다. 하지만 남들보다 더 절박한 마음을 가지고 있었을까? 이 질문에는 확실히 "그렇다!"라고 대답할 수 있다. 주관적인 판단일 수도 있겠지만, 그 절박함만큼은 분명했다.

　나보다 더 간절하게, 더 절박하게 인생을 바꾸고 싶었던 사람이 내 주변에 있었을까? 나는 없다고 생각했다. 바로 그 절박함이 나를 원하는 목표에 조금씩 다가가게 만들어 주었다. 그 절박한 마음이 내가 전자책을 집필하게 해 주었고, 종이책을 세상에 내놓을 수 있게 해 주었다. 또한 많은 SNS를 성장시키고, 좋은 사람들과의 관계를 형성하는 데에도 큰 역할을 했다고 생각한다.

　새로운 삶을 살고 싶다는 마음이 너무나도 절박했다. 지금까지 내가 꿈꿔온 삶을 살지 못했다면, 이제는 내가 원하는 삶을 살겠다는 강한 결심이 나를 더욱 단단하게 만들어 주었다. 아무리 힘들어도 책을 놓지 않았고, 퇴근 후에는 쉬고 싶은 마음을 억누르며 계속해서 앞으로 나아갔다.

　그런 시간이 쌓여 1년이 지나자, 마침내 내가 흘려온 땀과 노력이 조금씩 빛을 발하기 시작했다. 흔히들 "물 들어올 때 노를 저어라."라고 말하지만, 요즘 세상에서는 "끊임없이 노를 젓고 있는 사람이 성공한다."라고 말한다. 기회가 언제 어디서 올지 모르니, 매일 꾸준히 노력을 기울이는 사람이 결국 성공한다는 것이다.

나 역시 그랬다. 누구도 나에게 강요하지 않았다. 스스로 하루하루 절실하게 살아야 한다는 마음을 가졌고, 그것이 나의 원동력이 되어 오늘의 나를 만들어 주었다.

레슬리 브라운은 이런 말을 했다.

"삶에서 성공하는 비결은 절실함을 마음속 깊이 새기는 것이다. 절실함은 그 어떤 동기부여보다도 강력하다."

절실함과 절박함은 그 무엇보다 강력한 원동력이다. 나 역시 평소에 동기부여를 위한 글과 영상을 자주 접한다. 나태해진 마음을 다잡고, 다시 한 번 앞으로 나아갈 수 있는 힘을 얻기 위해서다. 그러나 내가 느끼는 절실함보다 더 강력한 동기부여는 찾을 수 없었다. "해야겠다."라는 것과 "할 수밖에 없다"는 전혀 다른 의미가 있다.

나는 "할 수밖에 없었다." 이는 곧, 하지 않으면 안 되는 상황이었다는 뜻이다. 새로운 삶을 살기 위해선, 반드시 바꿔야만 한다는 절실함이 나를 이끌었다. "해야겠다."

라는 누구나 가질 수 있는 마음일지 모르지만, '할 수밖에 없는' 상황이 되어야 비로소 어떤 어려움에도 굴하지 않고 앞으로 나아갈 수 있다. 이 책을 읽으면서, '나도 이렇게 해야겠어.' 라고 느끼는 것만으로는 부족하다. 진정으로 중요한 것은, '해야만 하는 이유'를 반드시 찾아야 한다는 것이다.

책을 '집필해야겠다'와 책을 '집필할 수밖에 없다'는 전혀 다른 마음가짐이다. 나는 책을 쓰지 않으면 내 삶을 바꿀 수 없었기에, 책을 집필할 수밖에 없었다. 부족한 능력을 키우기 위해 더 많은 책을 읽을 수밖에 없었고 많은 글을 쓸 수밖에 없었다.

절실함은 선택이 아니라 변화와 성장을 위한 유일한 길이자 필수적인 원동력이다.

물에 빠진 사람이 가장 먼저 해야 할 일은 수영을 배워야 할지 걱정하는 게 아니다. 물에서 빠져나오는 것이 최우선이다. 절박한 상황에서는 고민할 시간이 없다. 생존을 위해 몸부림치는 순간, 수영을 잘하는지 아닌지는 큰 문제가 되지 않는다. 절박함은 행동을 강요한다. 생명을 지키기 위한 가장 기본적인 본능처럼, 절박하게 원하는 것을 이루기 위해서는 핑계를 대기보다 일단 행동으로 옮기는 것이 중요하다.

나 역시 수없이 많은 핑계를 자신에게 늘어놓았다. 이래서 안 되고, 저래서 못한다는 식의 변명들. 하지만 진정 내가 원하는 것이 절실하다면, 그 어떤 것도 내 행동을 방해할 수 없다. 핑계는 나의 발목을 잡지만, 절실함은 나를 앞으로 내몬다. 물에서 나오는 것이 우선인 것처럼, 내가 원하는 것을 이루기 위해선 지금 당장 움직여야 한다.

드라마 〈스토브리그〉에서는 이런 대사가 나온다.

"모두가 같은 환경일 수 없고 각자 가진 무기로 싸우는 건데, 핑계를 대기 시작하면 똑같은 상황에서 또 집니다."

같은 환경에서 성공하는 사람도 있고, 실패하는 사람도 있다. 그 차이는 핑계를 대느냐, 절박하게 행동하느냐에 달려 있다. 절박함이 나의 무기다. 환경이 어찌 되었든, 그 속에서 무엇을 선택하고 어떻게 행동할지 결정하는 것은 나 자신이다.

결국, 물에 빠진 사람이 물에서 나오는 것처럼, 내가 절실하게 원하는 것을 이루기 위해서는 핑계가 아닌 행동이 필요하다.

지금 어디에 있는가? 아직도 물속에 있는가? 내가 원하는 목적을 달성하겠다는 절박함이 있기는 한가? 있다면 왜 아직 물속에 있는 것인가?

당장 나와야 한다. 바로 나와서 내가 가야 할 길을 향해 걸어 나가야 한다. 정말로 간절하게 원하는 것이 있다면 쟁취하는 것이 인간이다. 우리는 그렇게 지내왔다. 그렇기에 문명을 이루었고 동물 중에 살아남은 것이다.

본능을 따라야 한다. 내가 원하는 것이 있다면 주저하지 말고 잡아야 한다. 절실한 마음을 가지지 못했다면 그것은 내가 정말 원하는 것이 아닐지도 모른다. 아니라면 이렇게 가만히 있지 않았을 거다. 성공한 사람들은 모두가 절실한 마음을 가지고 있었다. 성공에 대한 갈망, 지금의 삶보다 더 좋은 삶을 살 것이라는 절박함과 절실함.

실패하더라도 다시 하겠다는 절실함이다.

아마 내가 군 생활을 "당당하게 성공한 삶"이라고 말하지 못하는 이유는, 절실함과 절박함이 부족했기 때문일지도 모른다. 뭔가를 이루고자 하는 강한 열망보다는 그저 하루하루를 버티고 살아내는 것에만 충실했으니까. 하지만 지금은 다르다. 무엇인가를 간절히 이루고자 하는 마음이 나를 이끈다. 그래서 스스로 불편한 선택을 하고, 때로는 고통을 감수하기도 한다. 그래야만 내 삶이 변화하고, 새로운 기회를 얻게 될 것이기 때문이다.

절실함은 마치 나를 앞으로 끌어당기는 친구와 같다. 나의 추진력이 되어, 멈추지 않고 나아가게 만들어 준다. 그저 하루를 보내는 삶이 아니라 하루하루 무언가를 이루는 삶을 살고 싶다. 절실하게 원하고, 절박하게 하루를 산다면, 반드시 지금보다 더 나은 삶을 살게 될 것이라고 확신한다.

절실함은 나를 깨어 있게 하고, 절박함은 나를 움직이게 한다. 둘이 함께할 때, 나는 나의 한계를 넘어 진정한 변화를 이룰 수 있다.

3부

변화 그리고 시간

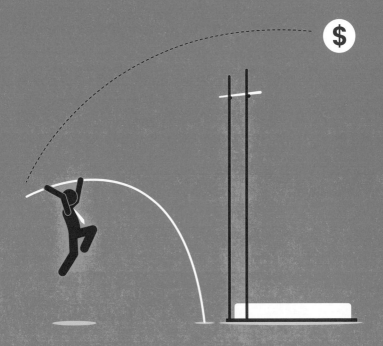

매일 해야 할 일들

내가 알고 있는 성공한 사람들의 공통점은 하나다. 바로 해야 할 일을 미루지 않는 것이다. 하루하루 자신이 해야 할 일을 정해놓고, 어떤 상황에서도 그것을 미루지 않는다. 나도 그렇게 생각한다. 내가 해야 할 일을 정했다면, 핑계를 대지 않고 그저 해내는 것이다.

나는 자기계발 모임에서 동료들과 함께 서로의 성장을 지켜보며 동기부여를 받는다. 어떤 사람은 나와 함께 시작했지만 나보다 더 빠르게 성장했고, 또 다른 사람은 아직도 제자리걸음을 하고 있다. 그 차이를 만드는 건, 결국 해야 할 일을 미루지 않고 꾸준히 해내는 힘이다.

> "아마추어는 영감을 기다리지만, 프로는 그저 일어나서 일을 한다."
>
> _스티븐 킹

　오늘 해야 할 일을 미루지 않는 것이 모든 차이를 만든다. 미룬다는 것은 지금 당장 나를 더 즐겁게 해 주는 활동을 택하는 것이고, 정작 중요한 일은 뒤로 미루는 것이다. 즐거움을 추구하는 것이 나쁘다는 말은 아니다. 예를 들어, 집 안 청소를 하기 전에 잠시 유튜브를 보거나 퇴근 후 글을 쓰기 전에 잠시 게임을 즐길 수도 있다. 중요한 건 그 '잠시'가 끝난 후다.

　시간은 한정적이다. 만약 나에게 즐거움을 주는 일을 먼저 선택하면, 정작 중요한 일을 할 시간이 줄어든다. 나 역시 유튜브를 가끔 보고, 인기 있는 드라마나 예능도 본다. 그러나 그 순서는 언제나 가장 뒤로 미룬다. 중요한 일을 미루는 것이 아니라 즐거움을 주는 활동을 미루는 것이다.

지금 해야 할 일을 하지 않으면, 결국 그에 따른 결과를 마주하게 된다. 미루는 사람의 인생은 처음에는 티가 나지 않는다. 하지만 미루기만 하는 사람은 서서히, 조용히 행복하지 않은 삶속으로 걸어들어가게 된다. 예를 들어, 운동을 해야 할 일로 정했다고 하자. 그런데 오늘은 금요일이라 친구들과 술 한잔하면서 하루 정도는 운동을 건너뛴다고 해도 그날 당장 몸이 변하지는 않는다. 그러나 그런 식으로 계속 미루다 보면, 어느 순간 거울에 비친 내 모습이 내가 원했던 모습이 아님을 깨닫게 된다.

해야 할 일을 미루는 순간부터 그에 관한 결과는 서서히 찾아온다. 갑자기 살이 붙을 리는 없다. 몇 년간 내가 먹은 음식들이 그 결과를 만들어낸 것이다. 그렇다고 몇 달 운동을 했다고 해서 금세 몸이 변하지는 않는다. 미룬 시간만큼, 꾸준한 노력이 필요하다.

해야 할 일을 미루고, 그 대신 소파에 누워 스마트폰을 보고, 맥주를 마시며 영화를 보는 삶이 과연 행복한 삶일까? 해야 할 일을 다 하지 않은 상태에서 진정으로 마음이 편할 수 있을까? 힘든 일을 먼저 끝내고, 해야 할 일을 다 마치고 나서 쉬는 것이 훨씬 더 마음 편한 일이다. 책임을 다하고 나서 쉬는 그 순간, 진정한 휴식을 얻을 수 있다.

삶은 단순히 편안함을 쫓는 것이 아니라 책임을 다한 후 얻게 되는 마음의 평안을 찾는 것이다.

나는 나와의 약속을 무엇보다도 중요하게 생각한다. 타인과의 약속을 소홀히 여긴다는 것은 아니다. 남에게는 관대할 수 있어도, 나 자신에게는 철저하다. 하지만 책을 읽기 전의 나의 삶은 그렇지 않았다. 나 역시 미루기를 좋아했고, 게으르다는 말을 많이 들었다. 학생 시절에도 그랬다.

시험 준비를 할 시간이 충분했음에도 불구하고, 친구들과 놀러 가기에 바빴고 게임에 빠져 지냈다. 항상 '아직 시간이 많아.'라고 생각하며 벼락치기로 공부를 했던 기억이 난다. 결과는 어땠을까? 그저 운이 좋으면 욕만 먹지 않을 정도였을 뿐이다.

더 준비했다면, 매일 시간을 정해 조금씩 공부했다면 결과는 분명 달라졌을 것이다.

글을 쓰는 것도 마찬가지다. 매일 조금씩 꾸준히 글을 쓰는 것이 더 중요하다. 갑자기 많이 쓴다고 실력이 갑자기 늘어나는 것도 아니다.

원고를 집필하는 것 또한 그렇다. 매일 몇 장씩 꾸준히 써나가는 것이 중요한데, 이번 주에 몇 장을 쓰겠다는 목표만 세우면 그 목표는 쉽게 미뤄질 수 있다. '내일 오늘 못 쓴 것까지 몰아서 쓰면 되지, 일주일 안에 몇 장만 쓰면 되니까 하루 정도는 괜찮겠지.' 라고 말이다. 나 역시 첫 책을 집필할 때 이런 생각을 한 적이 있었다.

그때 나의 목표는 일주일에 9장 정도를 쓰는 것이었다. 하루 정도 미룬다고 해서 큰 차이가 나지는 않았다. 충분히 할 수 있을 거로 생각했기 때문이다. 그러나 2~3일을 미루기 시작하면서, 발등에 불이 떨어진 것처럼 급하게 원고를 작성한 적도 있었다. 그런 원고가 매일 2~3장씩 고심하며 쓴 원고보다 깊이 있는 내용을 담았을 리가 없다.

해야 할 일을 미루는 이유는 이미 머릿속에서 '힘든 일'로 인식되고 있기 때문이다. 사람은 하고 싶지 않은 일을 본능적으로 피하려 한다. 즉각적인 보상과 미래의 보상 사이에서 우리는 즉각적인 만족을 더 선호한다. 이는 인간의 본능이다. 장기적인 꿈을 이루고 싶지만 우리는 종종 눈앞의 만족을 선택한다. 그래서 해야 할 일을 하지 않게 되는 것이다.

해야 할 일을 미루면 더 나쁜 결과를 가지고 온다.

나는 사실 차에 큰 관심이 있는 사람이 아니었다. 차를 꾸미는 걸 좋아하지도 않았고, 세세하게 관리하는 스타일도 아니었다. 때가 되면 오일을 갈고, 점검받는 정도였다.

어느 날, 휴가를 며칠 앞두고 타이어 상태를 점검해 보니, 제법 마모된 상태였다. 그때 타이어를 교환해야 했지만 고향에 가서 바꾸면 될 거라는 생각을 했다. '미리 갈아야 할까? 하지만 뭐 큰일이야 나겠어?' 라는 안일한 마음이 들었다.

휴가 당일, 혹시나 하는 마음에 다시 타이어를 살펴보았다. '뭐, 이 정도면 목적지까지는 문제없겠지.' 라는 생각이 들었다. 그래서 나는 별다른 걱정 없이 차를 몰고 고속도로로 진입했다.

그런데 차 앞바퀴에서 이상한 소리가 나기 시작했다.

나는 그때 음악을 크게 틀고 있어서 소리를 정확히 듣지 못했다. '뭔가 소리가 나는 것 같긴 한데…. 뭐 별거 아니겠지.' 라고 생각하며 대수롭지 않게 넘겼다. 그렇게 1시간 정도 더 운전했다. 그런데 점점 차가 이상하게 오른쪽으로 기운다는 느낌을 받았다. 그때야 심각성을 느끼고 급히 졸음쉼터에 차를 멈췄다.

차에서 내려 확인해 보니, 이미 앞바퀴가 펑크가 나서 공기가 완전히 빠져 있었다. 만약 내가 그 상태로 계속해서 운전을 했다면 큰 사고로 이어졌을지도 모를 일이었다. 그 자리에서 바로 보험사에 연락했고, 차는 견인되어 가까운 카센터로 갔다. 결국 타이어 4개를 모두 교체해야 했다. 해야 할 일을 미룬 결과, 더 큰 문제를 맞이하게 된 것이다. 그 이후로 나는 차를 더 철저히 관리하기로 다짐했고, 해야 할 일을 미루는 것이 얼마나 큰 대가를 치르게 할 수 있는지 깊이 깨닫게 되었다.

작은 일이라도 미루지 않고 제때 처리하는 것이, 때론 더 큰 문제를 예방하는 가장 확실한 방법이라는 사실을 그때 뼈저리게 느꼈다.

해야 할 일을 미룰 때, 그 순간에는 결과가 즉각적으로 나타나지 않는다. 하지만 내가 타이어 교체를 미룬 것처럼, 그 작은 선택이 내 목숨과 직결될 수 있는 큰 결과를 초래할 수도 있다. 극단적인 예시일 수 있지만, 많은 경우 미루는 습관은 더 큰 고통과 시련으로 돌아오기 마련이다.

해야 할 일을 꾸준히 하는 사람이 되어야 한다. 그래야만 내 인생이 조금이라도 더 안전하고, 발전적인 방향으로 나아갈 수 있는 것이다. 순간의 편안함에 취해 힘든 일을 미루는 순간, 나의 인생은 더 복잡하고 힘들어질 가능성이 크다. 그 사실을 깨달은 후, 나는 해야 할 일을 미루지 않겠다는 다짐을 하며 그렇게 살아가고 있다.

하기 힘들고, 부담스럽고, 하기 싫은 일을 먼저 하기 시작하면서부터 내 삶에는 새로운 기회들이 찾아왔다. 주변을 보면, 해야 할 일을 미뤄 후회하며 사는 사람들이 많다. "그때 건강관리를 해야 했는데," "그때 조금 더 열심히 준비했다면 자격증을 땄을 텐데." 라는 후회의 목소리를 종종 들어왔다.

하지만 반대로, 해야 할 일을 미루지 않고 해나가는 사람들은 어떤 어려움 속에서도 굴하지 않는다. 그들은 묵묵히 자신의 목표를 향해 나아가는 힘을 지닌 사람들이다. 성공하는 방법도 사실 누구나 알고 있을 것이다. 해야 할 일을 미루지 않고, 매일 실천하는 것이다. 단 하루도 빼놓지 않고 해야 할 일을 해나가면, 내가 원하는 목표가 조금씩 가까워지기 시작한다.

이제 핑계를 대는 일은 그만두자. 해야 할 일을 모두 끝낸 후에 쉬면 된다. 이는 더 큰 자유와 평온을 선사해 줄 것이다. 지금 바로, 해야 할 일을 하자.

매일 의식하는 힘은 강하다

인간은 흔히 망각의 동물이라고 한다. 계속해서 의식하지 않으면 쉽게 잊어버리는 것, 그것이 우리의 일상이다. 망각은 장점도 있다. 아픔이나 슬픔, 그리고 힘들고 괴로웠던 기억을 잊을 수 있다는 것은 망각이 가진 긍정적인 면이다.

그러나 망각의 단점도 분명히 존재한다. 내가 하고자했던 일이나 목표, 이루고 싶은 꿈을 잊어버리는 것이다. 원하는 것을 의식적으로 생각하지 않고 행동으로 옮기지 않으면, 어느새 편안함을 추구하는 나 자신을 발견하게 된다.

　매일 의식하는 것의 힘이 얼마나 큰지 느낀 적이 있다.
그것이 바로 글쓰기다. 나는 아침에 일어나면 해야 할 일
을 항상 정해놓는다. 그리고 가장 먼저 하는 일은 블로그
에 글을 쓰는 것이다. 블로그 글을 쓰고, 소설을 집필하
는 것이 이제는 습관이 되었지만 습관으로 만들기 위해
서는 매일 의식적으로 노력했다. 자기 전에는 내일 해야
할 일을 정리하며 잠자리에 들었다.

　'내일은 일어나자마자 블로그에 포스팅을 하고, 미리
써둔 소설을 연재한 후에 다음 소설을 집필하고, SNS에
몇 개의 게시글을 올려야겠다. 그리고 몇 시부터 몇 시까
지는 독서 또는 책 집필 시간을 가질 것이다.'

　잠들기 전에도 이렇게 의식적으로 머릿속에 되새기며
잠들었다. 아침에 일어나자마자 씻고 곧바로 컴퓨터를
켜서 블로그에 들어가는 것이 일상이 되었다. 하얀 백지
를 보며 생각한다.

　'오늘은 어떤 글을 적어야 할까?'

　아침이라 머릿속이 맑게 깨어난 상태는 아니지만 일단

블로그에 접속해야 한다는 의식만은 자리를 잡고 있다.

이런 의식을 가지고 있지 않았다면 아마도 다른 일을 하고 있었을 것이다. 잠을 더 잘 수도 있었고, 아니면 유튜브 영상이나 웹툰을 보며 편한 시간을 보냈을지도 모른다. 독서를 시작하면서 습관을 다시 형성했지만, 아직은 완벽하게 자리 잡지 못한 습관들 때문에 가끔은 해야 할 일을 하지 않고, 편한 일을 먼저 하려는 나를 발견할 때가 있다.

그래서 매일 의식적으로 생각하기로 했다. 최종 목표를 항상 되새기며 동기부여를 얻는다. 내가 목표로 삼고 있는 '최고의 동기부여 강사'라는 꿈을 이루기 위해 내가 하는 행동이 도움이 될 만한 것인지 자신에게 묻는다. 이런 생각을 하면, 행동을 바꾸게 된다.

글을 쓸 때도 마찬가지다. 나는 많은 것을 의식하며 글을 쓴다. 어제와는 다른 글, 남들에게 도움이 될 수 있는 글을 선별하고 포스팅을 하려고 노력한다. 그렇지 않으면 그저 그런 글이 나온다는 것을 알고 있기 때문이다. 이 책을 집필할 때도 마찬가지다. '이 책이 정말 독자들에게 도움이 될 수 있을까?' 이런 의식적인 생각이 내 글의 형태를 변화시키고, 더 나은 방향으로 이끈다.

글을 쓰면서도 어느 부분이 약한지, 충분한 사례가 들어갔는지 확인한다. 자신의 이야기를 넣어 독자들이 더 쉽게 이해할 수 있도록 의식하며 글을 적는다.

의식을 하면 삶은 어떻게 변할까? 나는 독서를 반드시 하겠다는 의식을 가지며, 삶이 정말로 변하는 것을 체험했다. 한번은 이런 경험이 있다.

때는 혹한기 훈련 중이었다. 우리는 야외에서 취침하며, 텐트에서 생활해야 했다. 가장 추운 날에 극한의 추위를 견디는 방법을 체험하기 위해서였다. 몸은 얼음장처럼 차가워졌고, 손과 발이 깨질 것 같은 고통이 밀려왔다. 일과시간이 끝나면 텐트로 들어가 얼어붙은 몸을 어느 정도 녹인 후 잠을 청해야 했다.

'빨리 따뜻한 곳으로 들어가고 싶다.' 라는 생각이 온몸을 지배했다. 아무 생각도 나지 않았고, 오직 몸을 따뜻하게 만들어야겠다는 생각뿐이었다. 아침이 오면 다시 추위가 기승을 부리는 밖으로 나가야 했기에, 지금 잠자리에 들지 않으면 얼마나 잘 수 있을지 계산하며 잠을 청해야 했다. 평소와 많이 다른 환경이라서 깊은 잠을 자는 것도 불가능했다.

얼어버린 발을 녹이고, 감기에 걸리지 않기 위해 최선을 다해야 했다. 훈련을 안전하게 마치기 위한 몸 관리는 군인으로서 가장 중요한 부분이다. 텐트 안도 얼음장처럼 차가웠고, 입김이 나올 정도의 한기가 온몸을 감쌌다. 좋은 이불 대신 침낭 하나로 하루하루를 버텨야 했다.

혹한기 훈련을 10년 넘게 해봤지만, 여전히 적응되지 않는 고통이었다. 모두가 하루의 피로와 추위를 이겨내기 위해 금방 잠이 들었다. 그런 악조건 속에서도 나는 작가라는 목적 의식을 놓지 않았다. 이미 첫 번째 책을 집필 중이었기 때문이다.

'5월이 지나기 전에 책을 완성해야 하는데… 큰일이다.' 라는 생각이 들었다. 긴 훈련이 잡히면 원고를 쓸 수 있는 시간은 점점 줄어들기 마련이다. 퇴근도 할 수 없었고, 써야 할 원고는 계속 쌓여만 갔다. 방법을 찾아야 했다. 지금 상황에서 책을 집필하는 것이 불가능하다면, 최소한 집필을 위한 지식이라도 머릿속에 넣어야 한다고 생각했다.

힘들고 추운 날씨 속에서도 작가가 되겠다는 의식을 잃지 않았고, 방법을 계속해서 찾아보기 시작했다. 모두가 잠든 시간에 나는 텐트 안에서 혼자 핸드폰으로 책을 읽었다. 그 고된 훈련 속에서도 책을 읽겠다는 의지를 놓지 않았다. 몸은 무겁고 피로했지만 독서에 대한 나의 결심은 흔들리지 않았다.

내가 이루고 싶은 것을 의식하면, 어떤 악조건 속에서도 방법을 찾아낼 수 있다. 이러한 경험들이 지금의 나를 만들어 주었다. 어떤 환경에서도 굴하지 않고, 목표를 의식하면 반드시 해결책을 찾을 수 있다는 것을 깨닫게 해 주었다.

내가 이루고 싶은 것을 계속해서 의식해야 한다. 생각하지 않으면, 시간은 그저 흘러가 버린다. 정말로 이루고 싶은 목표라면, 매일 생각하지 않을 수 없다. 그 목표를 달성하기 위해 오늘 내가 무엇을 해야 할지 명확히 알게 된다.

의식하자. 끊임없이 목표를 의식하고 생각하며, 내가 이루고자 하는 꿈을 향해 올바른 방향으로 가고 있는지 확인해야 한다. 시간이 지나면, 반드시 내가 원하는 것을 이룰 수 있다. 의식하면, 불가능조차도 가능한 환경으로 바꿀 수 있다.

휘둘리지 말고 자신의 길을 가라

나 역시 타인의 말에 휘둘려 하지 못한 것들이 무수히 많다. 그렇지 않았다면 나는 이미 오래전부터 내가 하고 싶은 일을 하며 살고 있었을지도 모른다. 타인의 의견을 내 삶에 많이 반영할수록, 후회하는 일은 점점 커지기 마련이다. 그리고 그 책임을 남에게 전가하고 싶어지기도 한다.

가장 후회되는 것은, 휘둘리며 살았다는 것이다. 강단 있는 선택을 하지 못했고, 무엇인가를 결정할 때마다 항상 주저하던 삶을 살았다. 어떤 일을 하기 전에 주변 사람들의 의견을 먼저 물어보고, 내가 내린 선택이 옳은지 계속 확인해야 했다.

지금은 주도적인 삶을 살고 있지만, 예전에는 그렇지 못했다. 내가 가는 길이 틀렸을지도 모른다는 불안감이 있었기 때문이다. 하지만 나를 믿고, 내가 가고자 하는 길에 확신을 두고 나아가는 것이 중요하다는 것을 요즘 들어 더 절실히 깨닫고 있다.

내 삶의 중심에 나를 두어야 한다. 그렇지 않으면, 작은 바람에도 흔들리기 마련이다. 남들이 보기엔 내 삶이 별 것 아닐지라도, 그것은 나에게 전부이기 때문이다. 자신만의 삶을 살지 않으면, 어느새 세상이라는 틀에 갇혀 자기 능력과 다른 사람들을 비교하며 자기 삶이 초라하게 보일 수도 있다.

각자 고유의 삶이 있다. 그 누구도 내 삶이 틀렸다고 이야기할 권리는 없다. 하지만 우리는 타인의 비난이나 일이 잘 풀리지 않을 때, 쉽게 자신을 스스로 자책하곤 한다. 타인에게 받은 상처가 아직 남아 있음에도, 다시 자신을 자책하며 또 다른 상처를 만드는 사람들이 많다.

자책을 하면 할수록 의욕은 점점 사라지고 남들의 말에 더 휘둘리게 된다. 내 삶의 주인은 나라는 사실을 잊는 순간, 계속해서 그런 환경에 노출될 수밖에 없다. 우리는 성인이 되기 전부터 이런 환경에 익숙해져 간다. 좋은 성적, 좋은 대학, 좋은 직장이 언제부턴가 가장 중요한 목표가 되어버린다.

그렇게 인생을 살아가다 보니, 내가 하고 싶은 일이 무엇인지조차 기억나지 않게 된다. 남들과 같은 방향으로 가는 것이 옳은 것처럼 느껴지면서, 자신의 목표보다는 남들이 보기에 괜찮은 삶을 살고 있다는 인식을 주는 것에 집중하게 된다.

내면의 목표가 아닌 외적인 목표를 향해 그렇게 앞으로 나아갔다. 나 역시 그랬다. 첫 직장은 정말 중요하다고 여겨졌고, 지금은 평생직장이라는 개념이 사라진 느낌이다. 세상도 그렇게 변하고 있다. 예전에는 그렇지 않았다. 내가 직업 군인을 선택했을 때만 해도 평생직장을 얻은 것 같은 기분이었다. 부모님은 늘 안정적인 직장이라면서 나를 안심시켰다. 사고만 치지 않으면 정년이 보장되고, 퇴직 후에는 죽을 때까지 연금이 나온다는 점이 가장 큰 이유였다.

외적인 목표가 전부라고 착각하며 지내왔다. 단지 안전하다는 이유로 일을 계속해야 한다고 스스로 합리화하고 있었다. 그러나 수많은 책을 읽으며 깨달았다. 내가 진정으로 원하는 것은 안전한 삶이 아니었다. "정말로 내가 원하는 삶은 무엇인가?"라는 본질적인 질문을 던지기 시작했고, 마침내 내가 원하는 삶의 모습이 무엇인지 깨닫게 되었다.

작가가 되기로 결심한 나는 어렵게 부모님께 나의 꿈을 이야기했다. 그때의 기억이 지금도 생생하다. 오랜만에 고향으로 내려가 부모님과 함께 고깃집으로 향했다. 사실 그전에 살짝 말씀을 드리긴 했지만, 아버지는 절대 반대하셨고, 어머니는 어느 정도 짐작만 하고 계셨다. 전역을 결심하고 어머니에게만 전화로 말씀드렸기 때문이다.

아버지의 성격을 잘 알고 있기에 이야기를 해도 좋은

소리를 듣지 못할 것이라고 예상했다. 그래서 어머니에게만 조심스럽게 이야기했다. 부모님의 마음이 이해됐다. 내가 한 번도 걸어보지 않은 길을 가겠다고 하니 불안과 걱정이 크셨을 것이다.

그날 고깃집에서 나의 꿈을 이야기했다. 아버지는 크게 화를 내셨고, "잘 안 되었을 때 어떻게 할 거냐?"라는 질문에 나는 "뭐라도 하겠다. 안 되면 일용직이라도 하면 되지 않겠냐?"라고 답했다. 어머니는 눈물을 흘리셨다. 그 순간이 가장 마음이 흔들렸던 날이었다. 내가 군인 생활을 그만두고자 한 결정이 이렇게 가족 전체를 흔들리게 할 줄은 예상하지 못했다.

하지만 나의 의지는 변하지 않았다. 내 의지를 전달했으니 이제부터는 내가 선택하고 내가 책임지기로 마음먹었다. 이후로는 군 생활을 그만두겠다고 이야기하지 않았다. 이야기해 봐야 부정적인 소리만 들을 것이 뻔했기 때문이다. 그래서 가족에게 아무 말 없이 당당히 전역 지원서를 제출했다.

다른 사람의 말에 흔들릴 정도의 결정이라면 하지 않는 게 낫다고 판단했다. 내가 정한 길이라면 반드시 이뤄내겠다고 다짐했다. 그리고 이 길을 가는 동안 혹여 흔들리는 일이 있더라도 나 혼자 모든 것을 감당하겠다는 결심을 했다. 그렇게 가족 모두 모른 채 나는 전역했다.

대신 치밀하게 계획을 세웠다. 내가 전역하는 달에 첫 책인『독기를 휘두르다』의 출간 일정을 미리 맞춰 두었다. 결과물이 있으면 부모님도 조금은 이해해 주실 것 같았다. 사실, 누군가의 평가보다 내 진정한 가치를 아는 것이 중요하다. 하지만 자식 걱정을 하는 부모님에게는 알려야겠다는 생각이 들었다.

첫 책이 출간된 후, 나는 그 책을 들고 고향으로 내려갔다. 블로그에도 글을 올렸다. 새로운 인생을 살겠다고, 마지막 출근을 마치고 군인으로 살아가는 삶을 마감했다고 적었다. 나중에 알게 된 사실이지만, 아버지도 나의 블로그 글을 읽고 계셨다고 했다. 전역한 사실과 마지막 출근 날까지 알고 계셨지만 달리 표현하지는 않으셨다. 나는 나의 책을 보여드리며 아버지와 소주를 한잔하며 솔직하게 말씀을 나눴다.

"아버지, 사실 저 전역했습니다."

"알고 있다."

처음에 아버지의 "알고 있다." 라는 말을 들었을 때, 나역시 깜짝 놀랐다.

그리고 아버지가 말씀하셨다.

"이미 선택했고 그렇게 되었는데, 내가 더 이상 반대한다고 바뀌지는 않을 것 같다. 이왕 이렇게 된 거, 선택했으면 끝까지 잘하길 바란다."

그 순간이 처음이었다. 계속 반대하던 아버지가 내가 작가의 길에 들어서게 된 것을 처음으로 응원해 준 것이다.

"내가 계속 반대했기에 오히려 네가 더 열심히, 더 치열하게 했을 것이다."

맞는 말이었다. 부모님께 당당하게 결과로 보여드리고 싶었다. 내가 선택한 길이 틀리지 않았음을 증명하고 싶었다. 전역 지원서를 내고 나서는 흔들리지 않기 위해 집으로 내려가지 않았다. 만약 고향에 내려갔다면 내가 가고자 하는 길이 흔들릴 거라는 것을 예상했기 때문이다. 그래서 애초에 그런 가능성 자체를 차단하고 모든 에너지를 책 집필에 쏟아 부었다.

만약 단 하루라도, 잠깐이라도 흔들렸다면 첫 책은 세상에 나오지 못했을 것이다. 중간에 멈췄을 수도 있고 고민과 생각에 빠져 집중력을 잃었을지도 모른다. 흔들리지 않는 것이 중요하다. 혹시 내가 흔들릴 것 같다면, 그런 상황 자체를 만들지 않아야 한다.

지금도 자신에게 묻는다. 만약 그때 부모님의 이야기를 듣고 1초라도 멈췄다면, 내가 책을 집필할 수 있었을까? 아니었다. 그건 분명하다. 불안의 감정에 휩싸여 나는 끝까지 책을 완성하지 못했을 것이다.

상황 때문에, 혹은 사람 때문에 흔들릴 수 있다. 여러 환경 때문에 내가 내린 결정이 맞는지 확인하고 다시 생각하면 흔들릴 수도 있다. 애초에 흔들릴 만한 결정이라면 차라리 하지 않는 것이 낫다. 내가 정말로 원하고 간절하다면, 흔들리지 않는다. 타인이 뭐라고 하든, 내가 가는 길이 다소 위험해 보이고 불안해 보이더라도 그 길을 걷는 내가 흔들리지 않는다면 그 길은 안전하다. 길을 걸어가는 사람이 흔들리기 때문에 그 길 전체가 흔들리는 것일 뿐이다.

지금도 여전히 나는 불확실성을 안고 살아가고 있다. 성공할 것이라는 보장은 없지만 그래도 나는 매일 책을 읽고 글을 쓰는 삶을 좋아한다. 어떤 결과로 이어질지는 아무도 알 수 없지만, 나는 흔들리지 않는다. 더 좋은 기회가 올 것임을 믿고, 내가 노력하는 만큼 결과는 반드시 따라올 것이다.

쉽게 시작할 수 있는 습관

하나의 습관을 만들기 위해서는 생각보다 긴 시간이 필요하다. 그 습관이 자연스러워지기까지는 더 많은 시간이 필요하다. 습관을 만드는 것은 나 자신이었지만, 이제는 그 습관이 나를 만들어 주고 있다. 나에게 새로 생긴 습관은 글을 쓰는 것이다. 글쓰기 습관을 만드는 데는 약 100일이 걸렸다.

태어나서 단 한 번도 제대로 글을 써본 적이 없던 나는 이제 매일 2만 자를 쓰고, 블로그에 세 개의 포스팅을 올린다. 또한 이렇게 두 번째 책을 집필하거나 다른 SNS에 매일 글을 올리고 있다. 이러한 습관이 나를 작가, 웹소설 작가, 강사로 성장시켰다.

처음부터 거창한 습관을 만드는 것은 어렵다. 그래서 나 역시 짧은 글을 쓰는 습관부터 만들기 시작했다.

그런 시간이 쌓여 지금의 내가 되었다. 습관의 힘은 정말 강력하다. 좋지 않은 습관도 그렇고, 좋은 습관도 마찬가지다. 많은 사람은 거창한 목표를 설정한다. 예를 들어, '책을 집필하겠다.' 또는 '운동해서 바디 프로필을 찍겠다'와 같은 최종 목표에 집중한다. 그렇게 하면 쉽게 포기할 수밖에 없다.

책을 집필하려면 시간이 필요하다. 바디 프로필을 찍기 위해서는 단순히 운동만으로 되는 것이 아니다.

매일 글을 쓰는 습관과 식단을 유지하는 습관이 형성되어야 그다음 단계로 나아갈 수 있다. 처음에 습관을 만들기 위해서는 가장 간단한 것부터 시작해야 한다. 글쓰기 습관을 들이기 위해서는 짧은 글을 매일 자신의 SNS에 올리는 것부터 시작하면 된다. 그다음에는 조금씩 더 긴 글을 쓰며 자신만의 글쓰기 습관을 만들어야 한다.

내가 사용한 방법은 시간을 정하는 것이었다. 처음부터

거창하게 잘 쓰려는 생각은 하지 않았다. 단지 내 생각을 정리해서 일기처럼 글을 적어 내려갔다. 물론 그때는 아무도 내 글을 읽어 주지 않았다. 하지만 내 목적은 글쓰기 습관을 만드는 것이었기에 크게 상관하지 않았다.

시간을 정해놓고 쓰기로 결심하니, 그 시간이 되면 자연스럽게 블로그에 접속해 글을 쓰고 있는 나 자신을 발견했다. 생각이 나지 않더라도 일단 블로그에 접속하는 것이 첫 번째였다. 누구나 빈 페이지에서 시작한다. 아무것도 적혀 있지 않은 하얀 백지를 보며 나도 생각했다. 그러나 접속도 하지 않은 채로 '나중에 글을 써야겠다.'라는 생각만 했다면, 아무런 글도 쓸 수 없었을 것이다.

작은 성공을 지속하며 자신만의 습관을 만들어야 한다. 처음에는 한 글자, 단어를 적으면서 문장을 만들었고, 그다음 문단을 만들어 나갔다. 하나의 단어를 생각해 이를 풀어쓰는 연습을 계속하자, 나중에는 어떤 단어가 떠오르면 관련된 나의 이야기나 인사이트를 넣을 수 있는 실력을 갖추게 되었다.

글을 쓰는 습관을 들이기 위해서는 그 전 단계의 습관

이 필요했다. 바로 독서였다. 글쓰기는 충분한 인풋이 없으면 지속할 수 없다는 것을 깨달았다. 그래서 글쓰기 습관을 들이기 전에 독서 습관부터 만들기 시작했다. 나는 어디서든 책을 읽을 수 있다는 것을 깨달았고, 종이책, 전자책, 오디오북 등 다양한 방법을 통해 매일 독서를 했다.

　매일 독서를 하다 보니 자연스럽게 인풋이 쌓였고, 매일 글을 쓸 수 있었다. 글쓰기 습관을 만들기 위한 가장 간단한 방법은 독서였다. 그러나 독서 습관을 들이기 위해서도 더 간단한 시작이 필요했다. 독서를 하겠다는 마음가짐이 중요했다. 환경이 완벽히 갖추어지고 조용한 공간이나 나만의 시간을 기다린다면 독서를 하기 어렵다. 그래서 나는 어디서든 읽을 수 있다는 생각으로 매일 책을 읽었다.

　'글을 잘 쓰기 위해서는 어떻게 해야 할까?'라는 고민도 많이 했다. 결론은 독서에 있었다. 읽고 쓰는 것, 그 반복이 중요했다. 일부 사람들은 글을 잘 쓰기 위해 문장 공부, 문법, 문해력, 필력 등 기술적인 부분을 먼저 익혀야 한다고 말하기도 한다. 그런 기술도 물론 중요하지만,

독서 없이 글을 쓰는 것은 어렵다.

글은 내 안에 있는 것을 표현하는 것이기 때문에 표현할 재료가 없다면 무의미하다.

글쓰기를 위해 필요한 것은 그전에 독서하고, 정해진 시간에 맞춰 그냥 쓰는 것이다. 잘 쓰려는 생각보다 꾸준히 글을 쓰는 것이 훨씬 중요하다. 글을 계속 쓰다 보면 실력은 눈에 보이지 않지만, 서서히 늘어난다. 결국 중요한 것은 꾸준함이다. 꾸준함을 유지하기 위해서는 간단한 루틴을 만들어야 한다.

어떤 일을 하기 위해 많은 준비와 시간이 필요하다면 시작하기 전부터 이미 에너지가 소모되는 느낌이 든다. 특히 인스타그램 릴스를 만들 때 이런 점을 많이 느꼈다. 처음에는 나도 인스타그램 동영상을 하나 만드는 데 20분 정도가 걸렸다. 매일 올려야 했기에 만들어 올리고 나서 곧바로 다음 동영상을 만들지 않으면 시간이 맞지 않았다.

그러다 다른 사람들의 릴스를 보며 공부하다가 문득 깨달았다. '더 간단하게 만드는 방법이 있지 않을까?' 더 쉽게 만들 수 있다면 릴스 제작도 습관이 될 수 있다고 생각했다. 그렇게 생각하자마자 바로 행동으로 옮겼다. 이제는 하나의 릴스를 만드는 데 1분도 걸리지 않는다. 쉽게 만들 수 있게 되니 20분마다 릴스를 올릴 수 있게 되었다.

처음부터 어렵고 복잡하면 꾸준히 하는 것 자체가 불가능해진다. 시작하기 전부터 준비할 것이 많고, 시간이 많이 들기 때문이다. 습관을 만들기 위해서는 가장 간단하게 시작할 수 있어야 하며, 지속할 수 있도록 쉽게 만들어야 한다.

습관을 만드는 이유는 간단하다. 꾸준하고 지속적으로 할 수 있는 것을 만들어 나의 삶을 발전시키기 위해서다. 거창한 습관을 세워 지속하지 못하는 것보다, 작은 습관을 만들어 매일 실행하는 것이 훨씬 더 중요하다. 나는 꾸준히 실천하는 사람들을 진심으로 존경한다. 어떤 것이든 상관없다. 그것이 운동이든, 글쓰기든, 독서든, 다른 것이든 매일 단 하루도 빠짐없이 지속하는 사람들을 보면 자연스럽게 그 사람에 대한 신뢰가 생긴다.

간단한 것이라도 상관없다. 매일 할 수 있는 좋은 습관을 만들어야 한다. 간단하고 쉬운 습관이 어느새 나의 삶 전체를 바꿔주고 있다. 글쓰기는 어쩌면 작은 습관일 수 있지만, 그런 습관이 있었기에 나는 새로운 삶을 살 수 있었고, 새로운 정체성은 물론 직업까지 바꿀 수 있었다.

간단하게 시작하고, 끝까지 유지하라. 그러면 삶은 조금씩 변하기 시작할 것이며, 어느새 모든 것을 바꾸어 놓을 것이다.

목표와 목적을 구분하라

나는 지금까지 목표와 목적이 같은 의미가 있다고 생각하며 지내왔다. 하지만 그렇지 않았다. 목표와 목적은 완전히 다른 의미를 지니고 있었다. 목표가 명사라면, 목적은 동사가 되어야 한다는 것을 깨달았다. 다른 사람들에게 물어보아도 목표와 목적의 차이를 명확히 아는 사람은 많지 않았다.

"같은 뜻 아니야?"

나도 한때는 그렇게 생각했다. 목적이나 목표나 같은

의미라고 평생 생각하며 지냈다. 사실 이런 질문을 자신에게 한 번도 해본 적이 없었기 때문에 그 차이를 알지 못했다. 목표와 목적이 다르다는 사실을 어느 문장을 통해 알게 되었다.

목적이 여행이라면, 목표는 제주도가 되어야 한다. 즉 '제주도 여행'이라는 목적과 목표가 하나가 되어 앞으로 나아갈 수 있다는 뜻이다. 나의 목표는 최고의 동기부여 강사가 되는 것이었다. 그렇다면 나의 목적은 선한 영향력을 미치는 사람이 되는 것이었다. 그래서 나의 최종 꿈은 선한 영향력을 가진 최고의 동기부여 강사가 되는 것이다.

인생을 살면서 목적과 목표를 계속해서 생각해야 한다. 이번에 책을 집필하면서도 명확한 목표와 목적을 염두에 두고 글을 쓰고 있다. 나의 목표는 이 책을 읽은 누군가가 실행에 대해 다시 한 번 생각하도록 하는 것이고, 목적은 누군가에게 도움이 될 수 있는 책을 집필하는 것이다. 즉 이 책을 내는 이유는 이 책을 통해 누군가가 실행의 힘을 느끼고 삶에 도움이 되는 책이라고 생각하게 만드는 것이다.

그래서 집필 중에도 고민하고 생각하는 시간을 가지며 기획을 다시 하게 되었다. 이전에 집필하던 원고는 과감하게 포기했다. 누군가에게 도움이 되겠다는 목적을 가지고 글을 써야 한다는 것을 깨달았기 때문이다. 그래서 포기할 수 있었다. 어느 순간 그런 목적과 목표보다는 두 번째 책을 빨리 출간하고 싶다는 욕심이 생겼다는 것을 깨달았다.

나도 예전에는 인생에 꿈이 없었다. 인생에 목적과 목표가 없으니 지금 내가 잘살고 있는지, 혹은 이렇게 사는 것이 맞는지 판단할 수도 없었다. 미래에 대한 계획조차 세우지 못했고, 매일 무엇을 해야 할지 알 수 없었다. 인생의 목적과 목표를 세우는 순간, 오늘 무엇을 해야 하고 내일은 무엇을 해야 하는지 명확히 알 수 있었다. 그리고 앞으로 어떻게 인생을 살아야 할지, 나의 꿈을 이루기 위해 무엇을 해야 하는지 정확히 알게 되었다.

당신의 인생에는 꿈이 있는가? 아니, 목적과 목표가 분명한가? 그것을 분명하게 인식하지 못하면 무엇을 어떻게 해야 하는지 방법조차 떠오르지 않는다. 내가 매일 책을 읽고 글을 쓰는 이유 역시 내 삶에 목적과 목표가 분명하기 때문이다. 내 꿈을 이루기 위해 찾은 최고의 방법이 바로 독서와 글쓰기였다. 최고의 동기부여 강사가 되기 위해 나는 책을 계속 읽어야 했고, 내 생각을 정리하고 기록해야 했다.

목표를 계속 생각하고 행동으로 옮기는 사람은 반드시 목표를 이룬다. 이것은 내가 직접 경험한 일이기에 자신 있게 이야기할 수 있다. 목표가 없으면 방황할 수밖에 없다. 어디로 가야 할지, 방향조차 정하지 못하게 되는 것이다. 특히 새해가 밝으면 사람들은 새해에 이루고 싶은 일을 계획한다. 하지만 얼마 가지 못해 결국 포기하거나 자기 자신과 타협한다.

목표가 명확하지 않으면 어떤 방법을 써야 할지, 무엇을 해야 할지 자신도 알 수 없다. 그 결과 중간에 포기하게 되고, 무엇을 목표로 했는지도 쉽게 잊어버리게 된다. 나는 매년 1년의 계획을 블로그에 적어둔다. 이렇게 하면 적어도 한 번씩 내가 설정한 새해 목표를 확인할 수 있기 때문이다.

이 힘에 대해 알고 있기에 2023년 12월 30일에도 2024년에 이루고 싶은 목표를 모두 적어놓았다. 그 결과는 어떻게 되었을까? 지금 이 책을 집필하고 있는 날은 11월 17일인데, 2023년 12월 30일에 적었던 목표는 다음과 같다.

- 블로그 팔로워 1만 명 달성 → 1만 명 달성 완료
- X(트위터) 팔로워 3천 명 달성 → 1만 5천 명 달성 완료
- 인스타그램 팔로워 5천 명 달성 → 2만 3천 명 달성 완료
- 스레드 팔로워 5천 명 달성 → 9천 명 달성 완료
- 5월 책 집필 시작 및 자기계발 분야 10위 안에 들기 → 출간 후 일일 3위 달성
- 동기부여 강사 준비하기 → 강사 등록 완료
- 전자책 2권 집필 → 3권 집필 완료
- 독서 모임 만들기 → 독서 모임 '독기의 힘' 운영 중

정말 놀랍게도 모든 목표를 달성했다. 목표를 계속 상기하고 시간이 날 때마다 목표를 확인하며 달성하지 못

한 부분을 점검하고 준비하며 실천으로 옮긴 결과, 목표 대부분을 초과 달성할 수 있었다.

목표가 분명하면 반드시 방법을 찾게 된다. 어떤 부분이 부족한지 명확히 알 수 있고 계획을 세울 수 있다. 인생을 살면서 목표는 꼭 필요하다. 그 목표를 달성하기 위한 방법이 바로 목적이 되는 것이다. 내가 반드시 이루고 싶은 것이 있다면 그것을 목표로 설정해야 한다. 그리고 설정했다면 반드시 이루겠다는 다짐과 실행이 필요하다. 생각만 해서는 아무것도 달라지지 않는다. 처음에는 불가능해 보일 것처럼 보이는 목표를 설정해야 한다.

내가 목표를 적었을 당시에는 정말 아무것도 준비되어 있지 않았다. 심지어 일부 SNS는 계정조차 만들지 않은 상태였다. 그런데도 나는 목표를 설정했다. 때때로 적어둔 글을 읽으며 지금까지 내가 이룬 것과 앞으로 이루어야 할 것들 사이의 간극을 확인하며, 목표를 달성하기 위해 계속해서 행동했다.

나의 꿈을 실현하기 위한 목적과 목표를 지금이라도 설정해야 한다. 아직 명확하지 않다면, 책을 읽고 글을 쓰며 내가 정말 원하는 것이 무엇인지 깨달아야 한다.

4부　실패로부터 배우기

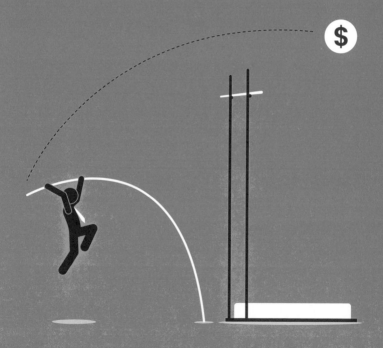

인생은 계획과 다르게 흘러간다

완벽한 계획을 세워도 현실은 늘 다르게 전개된다. 정답이라고 믿었던 것이 오답이 되는 경우가 훨씬 많았고, 성공할 것이라 믿었던 일이 실패로 돌아가기도 했다. 반대로 실패할 것 같았던 것이 뜻밖의 성공으로 이어진 적도 많았다. 상황 대부분이 그렇게 흘러갔다.

돌이켜보면 내가 가장 많이 성장하고 배울 수 있었던 순간은 실패했을 때였다. 실패는 나에게 귀중한 경험과 지혜를 쌓아 주었고 실패들이 모여 결국 성공으로 나아가는 발판이 되었다. 글쓰기나 책을 집필하는 것도 마찬가지다. 예상과 다른 결과에 실망할 때도 많았지만, 때로는 예상보다 좋은 결과가 나오기도 했다.

　미군에서는 철저하게 전술 계획을 세워도 총소리 한 방에 모든 계획이 무너진다고 한다. 인생도 그런 것 같다. 아무리 철저하게 계획을 세워도 시작하는 순간 생각지도 못한 문제가 발생하기 마련이다. 예상치 못한 상황들이 생기고, 당황스러움에 중요한 문제를 놓치는 경우도 많다. 인생은 원래 예측 불가능하다는 사실을 받아들이는 것이 중요하다.

　예상대로 흘러가지 않기 때문에 더욱 열심히 노력하고 준비해야 한다. 실패에서 교훈을 얻고, 같은 실수를 반복하지 않도록 고민하고 생각하며 성찰한다. 때로는 포기하고 싶을 때도 있고, 앞이 보이지 않는 미래가 두려울 때도 있다. 그럴 때는 자신을 믿고 앞으로 나아가야 한다. 인생은 계획대로 흘러가지 않지만, 다른 곳에서 반드시 새로운 기회가 생긴다는 믿음을 가지고 가는 것이 중요하다.

그런 기회를 알아볼 수 있는 안목을 기르고 시야를 넓혀야 한다. 그래서 나는 매일 책을 읽고 글을 쓰고 있다. 더 넓은 시야로 기회를 보고, 세상을 조금이라도 더 이해하기 위해서다. 장거리 운전할 때는 오디오북을 듣고, 잠들기 전에도 항상 오디오북을 들으며 잠자리에 든다. 이런 노력과 시간이 인생을 조금이라도 나은 방향으로 이끌어 줄 것임을 알기 때문이다.

유연함이 필요하다. 큰 계획을 세우되, 나머지 세부적인 계획은 상황에 따라 유연하게 대처하면 된다. 나는 군인 시절에 누구보다 철저하게 계획을 세우는 편이었다. 계획이 잠깐이라도 틀어지는 날에는 큰 스트레스를 받았다. 특히 시간 약속은 철저히 지켰기에, 예상치 못한 문제가 발생하면 더 큰 정신적 스트레스를 받았다.

하지만 지금은 달라졌다. 모든 것이 계획대로 흘러가지 않는다는 것을 알게 되었다. 누구의 잘못도 아닌 단지 발생한 상황이라는 것을 깨달은 후, 유연하게 생각하고 사고하는 방법을 찾았다. 책을 읽으면서 나의 세계를 확장하는 것이 얼마나 중요한지를 깨달았다. 내가 알고 있는 세계는 매우 좁았고, 나의 세계만이 정답이라고 생각했기 때문에 그 세계에서 벗어나는 일이 발생하면 잘못된 것으로 판단하곤 했다.

군 복무 시절, 친한 선배, 후배와 함께 일본 여행을 갔을 때의 일이다. 우리는 각자 준비할 것들을 나누어 맡기로 했다. 한 명은 숙소 예약을, 다른 한 명은 관광 계획을, 그리고 나는 이동 수단과 지역 확인을 맡았다. 오랜만의 해외여행이라 우리는 들떠 있었다.

일본 저가 항공을 예약한 후, 선배가 비행기 티켓을 끊기 위해 데스크로 갔다가 돌아왔다. 각자 짐을 검사받기 위해 기다리라는 말을 듣고 우리는 계속 기다리고 있었다. 시간이 지나도 아무런 안내가 없자, 나는 이상함을 느끼고 선배에게 물어봤다.

"계속 기다리면 되는 겁니까?"

"몰라, 이상 없으면 불러 주신다는데?"

데스크에 있는 사람들은 일본인이었고, 우리는 점점 불안해졌다. 비행기 탑승시간이 다가오고 있었다.

"뭔가 이상한데? 한 번 더 확인해 보시죠."

선배는 내 말을 듣고 다시 확인하러 갔고, 돌아와서 5분 이내에 부르지 않으면 문제가 없는 것이니 그냥 가면 된다고 했다. 우리는 그 사실도 모른 채 40분을 계속 기다리고 있었다. 비행기 출발시간이 20분밖에 남지 않았다. 그래도 아직 여유가 있겠거니 하며 탑승 게이트로 갔더니 예상보다 줄이 너무 길었다. 보안 검색대 앞에서 길게 늘어선 줄은 생각보다도 더 길었다.

"큰일이다…."

선배는 직감적으로 상황이 심각하다는 것을 느꼈다. 시간이 얼마 남지 않았는데, 줄이 너무 길어 비행기를 놓칠 것 같았다. 서둘러 검색을 마친 뒤, 우리는 전력으로 탑승 게이트로 뛰었다. 공항은 복잡했고, 길을 한 번에 찾지 못해 이리저리 헤맸다. 가까스로 탑승 시간에 맞춰 게이트에 도착하니 1분 정도밖에 남지 않았다. 시작부터 좋지 않은 기분이었지만, 비행기에 탑승한 것만으로도 안도했다.

일본에 도착한 후, 우리는 기차를 타고 다른 지역으로 가야 했다. 우여곡절 끝에 기차표를 예매하고 기차에 올랐다. 게스트하우스에 도착해 여권을 검사받고 짐을 위층으로 옮기기로 했다. 모두 여권을 꺼내고 있었는데, 갑자기 후배가 말했다.

"어…? 여권이…."

그 순간 나와 선배는 장난치지 말라며 다시 확인하라고 했다. 이 후배는 평소 꼼꼼하게 자기 물건을 잘 챙기는 사람이었기에 큰 걱정은 하지 않고, 게스트하우스 주인에게 양해를 구하며 위층에 가서 짐을 풀어 여권을 보여드리겠다고 했다.

위층에 도착하자마자 후배는 짐을 모두 풀었다. 그러나 여권은 보이지 않았다. 아무리 찾아봐도 없었다. 그때 기억이 났다. 처음 기차표를 예매할 때, 후배가 키오스크를 사용하다가 뒤에 기다리는 사람들이 많아 급하게 자리를 비워 주었는데, 그 키오스크에 여권을 두고 온 것이었다.

첫날부터 우리는 모두 당황했다. 여권을 찾지 못하면 비행기를 탈 수 없었다. 우리는 휴가를 내고 온 상황이라서 부대에 보고를 해야 할지도 모를 일이었다. 아래층에서 게스트하우스 주인에게 여쭤보니, 경찰서에 문의해 보라는 답을 받았다. 일단 첫날은 예정된 대로 음식을 먹고, 다음 날 경찰서에 가기로 했다.

다음 날 파출소에 가서 물어보니, 다른 지역의 큰 경찰서로 가야 한다는 답변을 받았다. 게다가 그날은 주말이라, 해당 경찰서가 운영하지 않을 수도 있다는 말까지 들었다. 며칠 안에 여권을 찾지 못하면 우리는 한국으로 돌아갈 수 없는 처지가 되었다. 그래서 우리는 일본에 있는 한국대사관에서 여권을 새로 발급받기로 계획을 수정했다. 여권을 찾는 데 시간을 쓰기보다는 빠르게 새로 발급받는 것이 더 나아 보였다.

계획을 수정한 후, 우리는 주말에 원래 하기로 했던 카트를 타기로 했다. 일본에서 운전하려면 국제면허증이 필요했고, 우리는 미리 준비해 두었기에 가능했다. 첫날 후배가 여권을 잃어버린 후, 선배는 후배의 짐을 자신의 작은 가방에 모두 넣어 두었다. 오후 3시에 예약된 카트를 타기 전, 시간이 남아서 커피숍에 들렀다. 2시 40분쯤 카페에 도착하자, 나는 혹시 몰라서 말했다.

"자~ 이제 면허증 다 챙겨왔는지 꺼내 봅시다."

내 말을 들은 선배는 걱정하지 말라며 가방을 열었다. 그런데 국제면허증이 선배와 후배 모두에게 없었다. 2일

차에 숙소를 옮기면서 짐을 미리 호텔에 맡겨 두고 나왔는데, 그 짐에 국제면허증을 두고 온 것이었다. 남은 시간은 20분 남짓. 우리는 일단 카트를 타는 곳으로 가서 상황을 설명했다. 주인은 면허증이 없으면 절대로 탈 수 없다고 말했다. 호텔까지의 거리는 약 2.5km, 왕복 5km에 달했다.

우리는 고민할 틈도 없이 호텔을 향해 셋이서 전력 질주했다. 다행히 모두 군인이어서 일반인들보다 체력이 좋았지만, 초행길이라 길을 잘 알지 못하는 것이 문제였다. 지도를 보며 달린 끝에 내가 먼저 호텔에 도착할 수 있었고, 짐에서 면허증을 꺼내 다시 전력 질주를 해 돌아갔다. 그렇게 우리는 결국 시간에 맞춰 카트를 탈 수 있었고, 계획을 지킬 수 있었다.

여행을 하면서 겪은 일들을 통해 깨달았다. 인생은 절대로 계획대로만 흘러가지 않는다는 것을. 아무리 잘 계획해도 어디서 어떤 일이 벌어질지 모르는 것이 인생이다. 중요한 것은, 계획이 틀어져도 포기하지 않고 노력하면 다른 답을 찾을 수 있다는 것이다. 예상치 못한 달리기로 더웠지만, 덕분에 더 시원한 느낌으로 카트를 탈 수 있었고, 여권을 잃어버린 덕분에 대사관에 가며 새로운 경험을 할 수 있었다.

인생은 계획대로 흘러가지 않는다. 하지만 계획이 틀어졌다고 해서 실패한 것은 아니다. 계획이 틀어지면 새로운 곳에서 반드시 기회가 생긴다는 것을 알게 되었다. 일본에서의 경험은 지금도 잊을 수 없다. 그런 에피소드 덕분에 내게 가장 재미있었던 여행으로 기억되고 있다. 만약 그런 경험이 없었다면, 그냥 기분 좋은 외국 여행으로 끝났을 것이다. 이렇게 계속해서 그 경험을 기억하며 글을 쓰고 웃을 수 있는 이유는 계획과 다르게 흘러갔기 때문이다.

이런 경험들은 인생에서도 자주 발생한다. 계획대로 되지 않아 상황이 좋지 않을 때도 있지만 그만큼 기억에 오래 남는다. 내가 성공했던 경험보다 실패했던 경험들이 더 깊게 기억에 남고, 그 경험에서 더 많은 것을 배울 수 있다. 예상대로 진행되지 않는 인생을 즐기기를 바란다.

인생에서 벽을 만났을 때

살다 보면 예기치 못한 문제에 부딪히기도 하고 예상치 못한 곳에서 벽을 만나기도 한다. 나는 벽을 마주할 때 기쁜 마음으로 그 벽을 바라본다. 벽을 만났다는 것은 내가 그만큼 성장했다는 증거일 수 있기 때문이다. 지금 나는 이 책의 원고를 쓰는 일과 글쓰기를 통해 벽을 마주하고 있다.

어떻게 하면 글을 더 잘 쓸 수 있을지, 책을 어떻게 기획하고 스토리를 어떻게 구성할지, 목차는 어떻게 짤지, 초고, 퇴고, 투고 기획서는 어떻게 작성하는 게 좋을지를 고민하고 있다. 이런 고민을 할 수 있는 위치까지 왔다는 것, 그것이 중요하다. 인생에서 벽을 만난다는 것은 내가 성장하고 있다는 증거일지도 모른다. 내가 발전했기 때문에 뛰어넘어야 할 장애물을 만나게 된 것이다. 이런 고민조차 하지 않는 사람은 벽에 부딪힐 기회조차 없다.

벽을 만났다는 것은 그 벽 앞에 설 만큼 성장했다는 것을 의미한다. 이제 그 벽을 넘고, 또 다른 벽을 만나러 가면 된다. 노력하지 않는 사람은 벽을 만날 수 없다. 만약 벽이 나타나지 않았다면, 충분히 노력하지 않았다는 뜻이 된다. 벽은 계속해서 우리 앞에 나타난다. 때로는 철옹성처럼 절대 넘을 수 없을 것 같은 벽이 나타나기도 하고, 약간의 노력으로 넘을 수 있는 벽이 나타나기도 한다.

나는 어떤 벽이든 넘을 수 있다고 믿는다. 지속적인 노력과 벽을 넘으려는 시도가 중요하다. 생각하고 고민하며 실행하는 행동들이 벽을 넘게 해 주는 디딤돌로 변하게 된다. 처음에는 해결하기 쉬운 문제들이 나타나고, 그 후에는 더 큰 문제들이 등장한다. 그 이유는 내가 더 큰 문제를 해결할 만큼 성장했기 때문이다.

　문제를 해결할 수 있다는 시선으로 바라보면 해결책
이 보이고, 해결할 수 없다고 생각하면 장애물로 보이기
마련이다. 기회를 찾기 위해서는 문제를 정면으로 바라
봐야 한다. 피한다고 해서 해결되는 문제는 없다. 오히려
문제는 더 커질 뿐이다.

　벽을 넘기 위해 첫 번째로 필요한 것은 자신을 믿는 것
이다. 새가 나뭇가지에 앉을 때 새는 나뭇가지를 믿지 않
는다.¹ 자신이 가진 날개를 믿는다. 수많은 새가 나뭇가지
에 앉아도, 나뭇가지가 부러져 새가 떨어져 죽는 일은 없
다. 자신을 믿는다는 것은 그런 의미다. 어떤 문제가 발
생해도 자신을 믿는다면 큰 위험에 처할 일이 없다.

　바디 프로필을 준비할 때도 예기치 못한 벽을 마주했
었다. 전혀 예상하지 못한 일이었기에 당황할 수밖에 없
었고, 그로 인해 더 큰 노력이 필요했다. 3월 말에 후배와
함께 바디 프로필을 찍기로 약속하고, 촬영일은 6월 말
로 예약했다. 우리는 예약 후 함께 운동을 시작했다. 비

록 전문적으로 운동을 배운 적은 없었지만, 꾸준히 운동해 온 경험과 주변 선배 및 후배들에게 배운 자세와 지식을 믿었다.

그러던 중, 5월에 큰 훈련이 예정되어 있어 한 달 정도 파견을 가야 할지도 모른다는 이야기를 들었다. 그 훈련에 적합한 사람은 우리 중대에서 나밖에 없었기에 어쩔 수 없다는 말을 들었다. 불행히도, 그 훈련 일정은 내가 바디 프로필을 예약해 놓은 날짜와 겹쳤다. 1~2주 동안의 파견 훈련이었기에 일정이 충돌할 수밖에 없었다.

한 달 정도 남게 되었을 때, 새벽 유산소 운동을 추가했고 유산소 시간을 더 늘릴 수밖에 없었다. 그렇게 힘들게 버티던 중에 훈련이 있다는 사실을 알게 되었다. 희망이 사라진 듯한 느낌이었다. 그 날짜만 바라보며 먹고 싶은 것을 참아가며 매일 배고픔을 견디던 내 노력이 한순간에 무너지는 것 같았다.

나는 어쩔 수 없이 스튜디오에 연락해 촬영을 한 달 미룰 수밖에 없었다. 지옥 같은 운동을 한 달이나 더 해야 하는 상황이 된 것이다. 6월만 바라보며 이를 악물고 버티고 있었는데, 한 달이 밀리자 정신이 나갈 뻔했다. 운동도 힘들었지만, 식단 조절이 특히 괴로웠다. 나는 군인이었기에 훈련은 훈련대로, 운동은 운동대로 해야 했다. 그 모든 시간을 합치면 하루에 5시간 이상 몸을 쓰고 있었다.

그런데 예상치 못한 일이 또 발생했다. 그 훈련이 취소된 것이다. 그것도 6월이 돼서야 취소되었다는 말을 들었다. 이미 스튜디오는 내가 미룬 날짜에 다른 사람이 예약해 둔 상태여서 나는 어쩔 수 없이 7월에 촬영해야만 했다.

함께 운동했던 후배는 자신이 예약한 날에 바디 프로필을 찍고 사진을 나에게 보내 주었다. 한편으로는 부럽기만 했다. 이제 이 고통을 혼자서 한 달을 더 버텨야 했다. 같이 할 때는 서로 위로하며 버텼지만, 이제는 그런 사람마저 없어졌다.

그런 생각이 드니 훈련 취소 소식을 들은 날에는 나 자신을 통제할 수 없었다. 평소에는 잘 사 먹지도 않는 초콜릿과 맥주를 무작정 사서 집에서 혼자 먹으며 생각했

다. '포기해야 하는 걸까?'

거의 다 왔는데 예기치 못한 일로 모든 일정이 꼬여버렸다. 그로 인해 나는 스트레스를 참지 못하고, 바디 프로필 한 달 전에 먹고 싶은 것을 먹고 있는 나 자신을 보며 허탈한 감정을 느꼈다.

그러다가 문득 생각이 들었다.

'딱 오늘만 먹고 내일부터 다시 정신 차리고 시작하자.'

헬스만 해왔기에 새로운 운동 방식이 필요하다고 느꼈다. 이미 어느 정도 근육은 자리가 잡혀 있었으니, 같은 방식으로는 더 이상 발전이 없을 것 같았다. 그래서 처음으로 크로스핏을 등록하기로 했다. 딱 한 달, 그 한 달 안에 내가 원하는 몸을 반드시 만들겠다는 다짐을 했다. 벽에 부닥쳤지만 주저앉지 않고 계속 방법을 찾으니 새로운 길이 보이기 시작한 것이다. 지금 나의 문제는 근육이 아니라 체지방을 줄이는 것이 더 중요했다. 주변 사람들에게 물어보고 정보를 확인해 보니, 체지방 감소에는 헬스보다는 크로스핏이 더 효과적이라고 했다.

마침 다른 후배도 크로스핏을 해보고 싶다고 해서 함

께 등록했다. 모든 것이 새로웠다. 한 번도 해본 적 없는 동작들과 새로운 자극, 새로운 루틴이 내 몸에 들어오자, 내 몸은 헬스를 할 때보다 더 균형 있게 변화하기 시작했다.

첫날이 지나자 온몸에 근육통이 생겼다. 그렇게 운동을 꾸준히 해왔는데도 금세 근육통이 생긴 것이다. 이것은 새로운 근육을 사용하고 있다는 뜻이었다. 헬스를 하면서도 종종 그런 느낌을 받긴 했지만, 이런 강도는 처음이었다.

'이렇게까지 온몸에 근육통이 왔던 적이 있었나?'

없었다. 크로스핏은 내게 새로운 자극을 주었다. 무거운 무게를 들고 자세를 유지하는 정적인 운동과 달리, 크로스핏은 활동적이고 한계까지 몰아붙이는 운동이었다. 시간이 지나면서 크로스핏의 효과가 나타나기 시작했다. 체지방이 놀라울 정도로 빠르게 감소했고, 내 몸은 헬스만 했을 때보다 훨씬 좋아지고 있었다.

그렇게 한 달간 꾸준한 식단과 운동 덕분에 7월, 나의 생일날 멋지게 바디 프로필을 찍을 수 있었다. 헬스를 꾸준히 한 것보다 훨씬 더 좋은 몸을 만들 수 있었고, 결과물도 매우 만족스러웠다.

이처럼 벽을 만나면 주저앉는 것이 아니라 어떻게 그 벽을 뛰어넘을지 계속 생각하면 답이 보인다. 문제를 단순히 문제로 인식하지 않고, 벽을 넘을 방법을 고민하면 새로운 길이 열린다. 그래서 나는 벽을 만나면 자신을 스스로 축하해 준다. 지금 이 원고를 작성하는 것 역시 그런 벽을 마주하고 있어서, 포기하지 않고 계속해서 쓰고 있다. 중간에 멈추고 싶은 순간도 있었지만, 새로운 벽이라고 생각하고 매일 내가 계획한 만큼 원고를 쓰고 있다.

벽을 만났다는 것은 내가 더 잘하고 싶은 마음을 가졌기에, 더 좋은 성과를 내기 위해 새로운 방법을 찾는 과정에서 나타난다. 그렇지 않으면 그런 생각조차 할 수 없고 고민할 필요도 없다. 우리는 매일 새로운 벽을 마주할 것이다. 모든 벽은 넘을 수 있다. 어떻게 생각하고 뛰어넘을지 매일 고민하자. 벽이 문이 되는 순간까지 계속 부딪히면 된다. 영화 〈설국열차〉에서 송강호는 이렇게 말했다.

"오랫동안 닫혀 있어서 벽인 줄 알았는데, 알고 보니 문이었어."

그렇다. 벽인 줄 알았던 것이 문이 될 수 있다. 나를 가로막고 있는 것을 벽이라고 인식하지 말고, 새로운 길로 나아가는 문이라고 생각하며 그 문을 힘차게 열어보자. 그 순간, 나의 삶에는 새로운 길이 열리게 될 것이다.

평범한 일을 꾸준히 하면
특별한 일이 된다

특별한 업적을 달성하거나 특별한 일을 해야만 특별해지는 것은 아니다. 평범한 일이라도 매일 하루도 빠짐없이 한다면 그 자체로 특별한 사람이 될 수 있다. 나 역시 특별한 사람은 아니다. 하지만 누구보다 꾸준하게 매일 해야 할 일을 해내는 사람이다. 그런 꾸준함 덕분에 많은 사람이 SNS에서 나를 마치 특별한 능력을 갖춘 사람이라고 생각한다.

매일 자신을 통제하고, 자신과의 싸움에서 이기며, 해야 할 일을 미루지 않는 사람이 결국 특별해 보이기 마련이다. 특별한 능력이나 비법을 가지고 있어서가 아니다. 특별하게 보이는 사람들은 단지 남들보다 더 많이 시도하고, 실패를 경험하며 자신을 성장시켜 온 사람들이다.

나의 장점은 "일단 해볼까?" 라는 생각이 들면 앞뒤 가리지 않고 먼저 행동에 옮긴다는 것이다. 준비를 오래 하는 사람들보다 먼저 시작하는 것뿐이다. 이런 모습들이 나의 브랜드가 되었고, 실천력과 꾸준함 하면 떠오르는 '북크북크' 라는 이미지를 만들었다. 결국 꾸준함과 노력이 인생을 다르게 만든다. 나는 내 꿈을 이루기 위해 모든 것을 변화시켰다. 정체성을 바꾸고, 직업을 바꾸고, 인생을 바꾸었다.

13년 동안 군 생활만 해오던 내가 1년도 되지 않아 작가가 될 수 있었던 결정적인 이유는 꾸준함과 실행력이었다. 책을 집필하는 것은 결코 쉬운 일이 아니다. 글을 쓰는 것 역시 가벼운 일이 아니다.

단 하루도 빠지지 않았다. 주말도 예외는 없었다. 모든 것을 바꾸겠다는 결심을 했기에, 나에게 주말이라는 개념은 존재하지 않았다. 지금도 마찬가지다. 나는 작가로서 사는 삶을 살고 있지만 여전히 매일 글을 쓰고, 책을 읽고, 집필한다. 언제까지? 일어나서 잠자리에 들기 전까지. 나는 많은 SNS 플랫폼에 수십 개의 게시글을 올리며 영향력을 키우고 있다. 이것 또한 단 하루도 빠트린 적이 없다.

만약 저녁 약속이 잡히거나 오랜만에 고향에 내려가는 날이 있더라도, 그 시간을 계산해 미리 소설과 원고를 모두 작성해 둔다. 고향에 내려가서도 글쓰기를 빠뜨린 적이 없다. 이런 노력이 모여 빠르게 성장할 수 있었다. 누군가는 나에게 묻는다.

"매일 그렇게 글을 쓰고, 많은 것들을 시도하다 보면 언제 쉬나요?"

나는 이렇게 답한다.

"해야 할 일을 모두 끝내고 난 뒤, 잠깐이라도 자신에게 선물을 줍니다. 그것이 유튜브 시청이든 영화 감상이든, 절대로 해야 할 일을 하기 전에 자신에게 휴식을 주지 않습니다. 휴식은 내가 해야 할 일을 모두 마쳤을 때 주어지는 보상입니다."

나는 항상 이런 마음가짐으로 산다.

세상은 빠르게 변화하고 있지만, 내가 가진 최고의 무기인 꾸준함과 실천력을 믿고 있다. 많은 사람이 꾸준함의 힘을 제대로 알지 못하는 것 같다. 내가 블로그를 처음 시작했을 당시, 서로 이웃을 맺었던 사람들이 많았지만 이제 그중에서 1년 이상 매일 글을 쓰는 사람은 10명도 채 되지 않는다.

지금 나의 이웃 수는 1만 명이 넘지만, 결국 꾸준히 글을 써온 사람은 극소수였다. 처음에는 함께 시작했던 사람들이 많았지만, 시간이 지날수록 하나둘씩 사라지고, 끝까지 남아 글을 쓰는 사람은 거의 없었다.

재능과 노력 중 어떤 것이 더 중요할까? 나는 고민하지 않고 노력을 선택한다. 재능은 타고나는 것이지만, 노력은 정반대의 성질을 지닌다. 재능은 선택받은 소수가 가질 수 있지만 노력은 누구나 할 수 있다. 어떤 사람은 아무리 노력해도 재능을 넘을 수 없다고 말한다. 어느 정도는 동의하는 부분이다. 특히 재능이 있으면서 노력까지 더한 사람은 이기기 어렵다.

하지만 재능만 믿고 노력하지 않는 사람은 결국 노력

하는 사람에게 뒤처질 수밖에 없다. 사실, 타고나야 할 재능이 있다면 그것은 노력이다. 노력을 타고나야 자신이 이루고자 하는 것을 이룰 수 있다.

나는 예전에 고등학교 때 댄스부에서 활동했다. 함께 춤을 추던 친구들이 있었는데, 그중 한 친구는 댄서를 직업으로 삼겠다고 했다. 당시 나는 속으로 '불가능하지 않을까?' 라는 생각을 했다. 왜냐하면 우리는 고등학교 3학년이었고, 입시 준비가 중요한 시기였기 때문이다. 특히, 부모님의 반대가 심할 것이라고도 예상했다. 춤을 직업으로 삼겠다는 결정이 과연 받아들여질까?

시간이 흘러 군 복무 시절, 생활관에서 동료들과 함께 음악방송을 자주 보곤 했다. 어느 날 뮤직비디오를 보다가 익숙한 얼굴을 발견했다. 놀랍게도, 나와 함께 춤을 추던 그 친구였다. 정말 댄서가 되어 뮤직비디오에도 나오고, 심지어 런닝맨 같은 예능 프로그램에도 출연한 것이었다. 나는 너무 신기했다.

'정말이구나… 진짜 댄서가 되었구나.'

고등학교 졸업 후로는 서로 연락하지 않았고, 연락처

도 몰랐다. 시간이 더 흐르고, 그 친구는 더 유명한 가수들과 함께 춤을 추며 성공을 이어가고 있었다. 내가 처음으로 연락한 건 작가가 되고 난 후였다. 그 친구의 인스타그램 팔로워는 3만 명이 넘었고, 나는 이제 막 인스타그램을 시작해 1만 명을 조금 넘기던 때였다. 친구의 스토리에 올라온 영상을 보고 궁금해서 DM을 보냈다.

"혹시 나 기억해? 나 지금 작가 됐어."

한참 동안 답장이 오지 않았다. 그러다 어느 날 문득 답장이 왔다.

"왜 이제야 이 메시지를 봤는지 모르겠어. 기억하지. 잘 지내?"

나는 궁금한 마음에 물어보았다.

"그때 댄서가 되겠다고 하더니 진짜 댄서가 되었구나. 대단하다."

"힘들었지… 포기하고 싶었는데 그냥 꾹 참고 계속했어."

그 친구의 말을 듣고 한 가지를 깨달았다. 꿈을 포기하지 않고 계속하면 결국 꿈을 이룰 수 있다는 것을. 사실,

내가 작가가 되기 위해 사용했던 방법과 똑같았다. 그 누구도 내가 정말 작가가 될 거라고 믿어 주지 않았지만 나는 포기하지 않았다.

나에게는 아주 친한 친구가 있다. 중학교 시절부터 지금까지 계속 연락을 이어오고 있는 친구다. 전역을 결심한 후, 그 친구와 소주를 한 잔하며 이런저런 이야기를 나누던 날이 있었다. 그때 친구는 여자 친구와 함께였는데, 나는 처음 만난 자리에서 이렇게 나를 소개했다.

"안녕하세요. 저는 지금 군인인데, 블로그를 시작하려고 합니다. 블로그를 성장시키고 나아가 작가가 될 겁니다. 그리고 제 꿈은 동기부여 강사가 되는 것입니다."

"아, 그러시군요. 블로그는 시작한 지 얼마나 되셨어요?"

"이제 막 시작했습니다. 이웃 수가 200명 정도입니다."

"작가를 하시겠다니, 글은 많이 써보셨나요? 군인이라고 하셔서 궁금해서요."

"아니요, 글은 한 번도 써본 적 없지만, 반드시 작가가 될 겁니다."

친구는 나를 잘 알고 있었다. 내가 한번 마음먹으면 반드시 해내는 성격이라는 것을.

이 대화는 2023년 7월에 나누었던 대화다. 그 당시 나는 아무것도 준비되어 있지 않았다. 이제 막 블로그 아이디를 만들었고, 책을 읽기 시작한 시기였다. 지금 생각해도 내가 이루고자 한 꿈은 말도 안 되는 것처럼 멀게 느껴졌을 것이다.

그렇게 시간이 흘러, 나는 첫 책을 출간하고 그 친구를 다시 만났다. 친구는 내가 사는 곳과 가까운 곳에 살고 있어서 자주 만나며 안부를 주고받는 사이였다. 책이 나온 기념으로 친구와 저녁 약속을 잡아 만나러 갔다. 책이 출간된 날은 정확히 내가 그 자리에서 말한 날로부터 1년이 지난 때였다.

1년 만에 나는 직업을 바꾸었고, 정말 내가 이루고자 했던 것을 이뤘다. 작가가 되었고, 어느새 이름이 알려진 블로거로 자리 잡고 있었다. 그때는 이웃 수가 200명에 불과했지만, 이제는 1만 명이 넘는 이웃을 보유한 블로거가 되어 있었다. 무엇보다도, 자기계발 베스트셀러 작가가 되겠다는 내 약속을 지켰다.

내가 재능이 특출 나서 그런 결과를 얻었을까? 아니다. 나는 34년 동안 제대로 된 책 한 권 읽어본 적 없었고, 글을 써본 적도 없었다. 블로그 아이디조차 작년에 처음 만들었다. 아무것도 준비되어 있지 않았지만, 매일 해야 할 일을 정하고 꾸준히 실천했다. 단 하루도 빼먹지 않았다. 아무리 힘들고 괴로워도 내가 작가가 될 방법을 매일 고민하고, 행동으로 옮겼다. 그런 꾸준함과 노력이 단 1년 만에 내가 꿈꾸던 목표를 이루게 해 주었다.

네이버 웹소설을 집필하던 시기였다. 나는 무협 장르에서 '군인이 무협지 세계로 간다면?'이라는 색다른 컨셉으로 글을 쓰기 시작했다. 어떤 준비도 없이, 단지 해보고 싶다는 마음 하나로 시작했다.

그러던 중, 한 달 정도 집필을 이어가고 있을 때였다. 나와 비슷한 컨셉의 무협지가 네이버 웹소설에 올라온 것을 알게 되었다. 주변 지인이 발견하고 나에게 알려주었는데, 글을 읽어보니 컨셉이 거의 똑같았다. 그 작품도 군인이 무협지 세계로 간다는 내용이었다. 더 놀라운 것은 그 작가가 하루에 2~3개씩 글을 연재하며 순식간에 순위권에 진입했다는 사실이었다.

내용이나 필력이 나보다 뛰어나다고 느끼지는 않았지만, 하루에 1회씩 연재하는 나와는 달리 그 작가는 하루 2회 이상 연재하며 독자의 관심을 빠르게 끌었다. 나는 그 모습을 보고 대단하다고 생각했다. 하루에 1회분만 써도 시간이 제법 걸리는 나로서는 더 큰 다짐을 하게 되었다.

'비교하지 말자. 대신 나는 매일 꾸준히 연재하자. 꾸준함이 훨씬 중요하니까. 저렇게 무리하다가는 분명 소재가 떨어질 수도 있어. 소설은 결국 끈기 싸움이니까⋯.'

그런 마음으로 나는 하루에 하나씩 꾸준히 연재를 이어갔다. 베스트 리그로 승격하기 위해 주말에도 연재를 멈추지 않았다. 그렇게 한 달간 매일 연재하니, 결국 베스트 리그로 승격할 수 있었다.

문득 나와 비슷한 컨셉을 가진 그 웹소설이 궁금해져 다시 찾아봤다. 그런데 검색해도 보이지 않았다. 삭제된 것인지, 작가가 글을 내린 것인지는 알 수 없었지만 현재 네이버에서 그 컨셉을 유지하며 글을 쓰는 사람은 나 혼자였다. 나는 조심스럽게 추측했다.

'아마 매일 2~3개씩 올리는 게 부담이 컸을 거야. 소설을 시작했으면 적어도 반 년에서 1년은 지속하겠다는 마음으로 해야 하는데….'

나도 처음에는 100화로 마무리하려고 했지만, 200화까지 쓰기로 마음먹었다. 그렇게 하기 위해서는 무엇보다 꾸준함이 중요했다. 단기간에 인기를 끌기 위해 2~3회씩 올리는 방식은 지속해서 할 수 없다고 생각했고, 대신 내가 가진 최고의 장점인 꾸준함을 믿기로 했다. 그 결과, 나는 출판사의 제안을 받을 수 있었고, 현재 유료 프로모션을 준비 중이다.

결국, 꾸준함이 승리했다. 그렇게 내 앞에 새로운 수식어가 하나 추가되었다. 무협 웹소설 작가. 그렇다고 내가 무협 세계관을 깊이 이해하거나 잘 알고 있는 것은 아니다. 단지 재미로 시작했을 뿐이다. 하지만 다른 사람들은 나를 특별하게 생각한다. 매일 블로그에 글을 올리고, 책을 집필하며, 웹소설까지 연재하고 있다고 하면, 마치 특별한 능력을 지닌 사람이라고 여긴다.

그러나 나는 나를 잘 알고 있다. 나는 특별하지 않다.

대신 평범한 일을 꾸준히 할 뿐이다. 그 평범한 일이 바로 글쓰기다. 꾸준함과 노력 덕분에 사람들에게 특별한 사람으로 보이게 된 것이다.

사실 누구나 할 수 있다. 글쓰기가 아니더라도, 독서나 운동처럼 자신의 발전을 위해 꾸준히 노력한다면, 어느새 사람들은 당신을 특별한 능력을 지닌 사람으로 보게 될 것이다.

실패를 겁내지 말라.
실패해도 세상은 변하지 않는다

실패를 어떻게 생각하는가? 실패를 많이 경험했는가, 아니면 한 번에 성공하기 위해 계속 준비만 하고 있는가? 나는 생각보다 많은 실패를 했다. 어떤 도전을 할 때, 따로 준비하지 않고 그냥 해보는 습관이 있어서다. 나는 준비보다 경험에서 배우는 것이 훨씬 더 많다고 믿고 있다.

그렇다고 실패만 반복할 수는 없다. 실패를 계속해서 반복하지 않으려면, 그 속에서 배우고 성장해야 한다. 실패를 많이 한 만큼, 결국에는 성공에 이르게 된다. 실패를 통해 배우고, 그 배움을 쌓아가는 과정이 나의 성공의 열쇠였다. 예전부터 이런 생각을 자주 했다.

'실패 없이는 성공도 없다.'

모든 성과를 이룬 사람들도, 우리 눈에 보이지는 않지만 수많은 실패를 겪었을 것이다. 나도 앞으로도 계속해서 실패하려고 한다. 이 책을 투고해도 출판사로부터 선택받지 못할 수도 있다. 하지만 선택받을 수도 있다. 시작하지 않으면 어떤 결과도 알 수 없다.

단지 실패할 것 같다는 이유로 시도조차 하지 않는 사람들이 얼마나 많은가? 실패가 그렇게 두려운 단어인가? 우리는 수많은 실패를 겪었기에 지금의 자리에 있을 수 있었다. 실패 속에서 배웠기에 내면이 단단해지고, 경험이 쌓여 같은 실수를 반복하지 않을 수 있었다.

실패는 배움의 기회다. 실패에서 아무것도 배우지 못하고 포기한다면, 그때야말로 진정한 실패가 된다. 예상치 못한 결과가 나오거나 실패를 겪더라도, 멈추는 순간 그것이 진정한 실패가 된다. 실패는 쌓이면 결국 성공으로 변한다. 우리가 아는 많은 혁신적인 제품과 기술들 역시 수많은 실패를 거쳐 완성되었다. 대표적인 예로 우리가 자주 사용하는 포스트잇이 있다. 이 제품도 우연한 실패에서 탄생한 혁신이다.

실패를 어떻게 바라보고 내 삶에 적용할지가 중요하다. 나는 앞으로도 더 다양한 시도를 해볼 것이고, 보기 좋게 실패할 각오를 하고 있다. 실패를 두려워하면 성공할 수 없다. 실패를 겪어야 나의 부족한 점을 알게 되고, 그 부족한 부분을 개선할 수 있다. 실패했다면 분석하고, 개선하며 앞으로 나아가면 된다. 또 실패한다면, 다른 부분을 발전시키며 나아가면 된다. 실패는 과정의 일부다. 실패를 두려워하는 순간, 도전조차 할 수 없다.

그리고 이 글을 읽는 당신만 실패하는 것이 아니다. 데일 카네기는 이렇게 말했다.

"잠시 멈춰 생각해 보라. 다른 이들도 상당한 좌절감을 겪으며 엄청난 장애물을 마주해야 했지만 결국 그것을 극복해 왔다. 다른 이들이 해냈던 일은, 당신 또한 분명 해낼 수 있다."

어떤 도전을 하든, 그 일에 앞서간 사람들이 분명히 있을 것이다. 그들은 단 한 번도 실패하지 않고 지금 그 자리에 오른 것이 아니다. 때로는 같은 실패를 했을 수도, 아니면 더 많은 실패를 겪었을 수도 있다. 하지만 그들은 해냈다. 특별한 능력이나 비법이 있어서가 아니다. 그들은 실패를 겪고, 그 경험을 바탕으로 앞으로 나아갔기 때문이다.

내가 작가가 되기로 결심했을 때도 상황은 비슷했다. 처음 전자책을 만들어 누군가에게 확인을 부탁했더니, 목차와 글이 다소 엉성하다는 지적을 받았다. 나는 최선을 다해 쓴 글이었기에 그런 말을 들었을 때 마음이 좋지 않았다. 하지만 생각을 해보니, 전자책은 독자에게 선물로 드리는 것이었기에, 읽는 사람의 측면에서 보는 것이 더 중요하다는 것을 깨달았다.

지금은 잘 알고 있지만, 당시에는 어떤 프로그램을 이용해야 전자책을 제대로 만들 수 있는지조차 몰랐다. 나는 그저 익숙한 프로그램을 사용해 만들었는데, 사실 그렇게 만드는 것은 적절하지 않았다. 대부분의 사람들이 구글 독스를 이용해 전자책을 제작하고 있었지만, 나는 그런 정보조차 없었다. 그래서 아무 프로그램이나 사용해도 괜찮겠다는 생각으로 두 달 동안 고생하며 전자책을 완성해 나눠 드렸다.

물론 선한 의도로 만든 전자책이었기에 크게 문제를 제기하는 사람은 없었지만, 몇몇 분들은 글자 크기가 너무 작고 문단 간격이 좁아 읽기 어렵다고 피드백을 주셨다. 결국, 나의 첫 전자책은 실패로 끝났다. 그 후, 다른 사람들에게 조언을 구하고 전자책 제작에 적합한 프로그램을 공부하면서 구글 독스를 이용해 새롭게 만들기 시작했다.

처음부터 구글 독스를 사용했더라면 더 좋았겠지만, 글을 다시 옮기며 내가 봐도 어색한 부분을 하나하나 수정할 수 있었다. 그 과정 덕분에 처음보다 훨씬 더 나은 품질의 책을 완성할 수 있었고, 이를 다시 이웃들에게 나눠 드릴 수 있었다. 이런 과정을 겪지 않았다면 지금처럼 전자책을 쉽게 만들지는 못했을 것이다.

데일 카네기의 『자기관리론』에는 다음과 같은 내용이 나온다.

첫째, 성공할 수도 있다.

둘째, 만약 성공하지 못한다 해도 손실을 이익으로 바꾸려는

시도 자체로 우리는 과거가 아니라 미래를 바라볼 수 있게
된다.

인생에서 가장 중요한 일은 타인의 이득을 잘 이용하는 것이
아니다. 바보라도 그렇게 할 수 있다. 진정 중요한 일은 손실
을 이익으로 만드는 것이다.

카네기의 말처럼, 성공할 수도 있고 실패할 수도 있다.
하지만 실패를 이득으로 바꾸려는 시도 자체로 우리는
과거가 아닌 미래를 바라볼 수 있게 된다. 손실을 이익으
로 만드는 능력이 훨씬 더 중요하다. 성공에서 얻는 보
상은 누구나 누릴 수 있다. 그러나 실패에서 얻는 교훈은
더욱 귀중하다.

따라서 실패로부터 배워야 한다. 실패로부터만 얻을
수 있는 깨달음이 있다는 뜻이다. 실패를 두려워하는 순
간 아무것도 할 수 없게 된다. 반대로, 실패를 두려워하
지 않을 때 배움의 기회를 얻을 수 있다. 가장 많이 실패
한 사람이 결국 가장 많이 성공할 수 있다. 무엇이든 시
도하는 것이 중요하다. 실패한다고 해서 세상이 무너지
거나 삶이 사라지는 것이 아니기 때문이다.

새로운 기회는 오직 실패에서 온다고 생각한다. 만약 성공만 했다면, 아마 그 길로만 갔을 것이다. 나 역시 군 생활이 성공적인 삶이었다고 생각하지 않는다. 내가 진정으로 원하는 삶을 선택하는 데 실패했기 때문에, 작가라는 새로운 기회를 얻을 수 있었다. 진급에서 탈락하면서 아픔을 겪었고, 그 마음을 치유하기 위해 책을 읽기 시작했다.

내가 책을 읽고, 글을 쓰고, 작가가 될 수 있었던 것은 오직 실패했기에 가능했던 일이다. 아픔을 겪지 않았다면, 실패를 경험하지 않았다면, 나는 아마 책을 읽을 생각조차 하지 못했을 것이다. 실패는 나에게 새로운 길을 열어준 기회의 신이었다고 생각한다.

그래서 실패를 어떻게 극복하고 앞으로 나아가는지가 중요하다. 군 생활에서 실패한 경험을 통해, 나는 나의 삶에서 성공하고 싶다는 열망을 키웠다. 그리고 그렇게 하려면 내가 정말로 원하는 일, 내가 좋아하는 일을 찾을 수밖에 없었다. 만약 실패하지 않았다면, 나는 이전의 삶을 그대로 유지했을 것이다. 누군가의 통제를 받고, 지시를 따르며, 출근과 퇴근을 반복하는 삶. 내 인생에 대해 깊게 고민할 필요도 없었고, 단지 월급이라는 보상을 받으며 살아갔을 것이다.

하지만 지금은 다르다. 오히려 실패한 것이 다행이라고 생각한다. 만약 진급에 성공하고, 그럭저럭 살아갔다면, 이렇게 책을 집필하지도 않았을 것이다. 지금 내가 나만의 일을 하고, 내가 진정으로 좋아하는 일을 할 수 있는 것은 실패 덕분이다. 실패가 아니었다면, 이런 길이 있다는 사실조차 알지 못한 채, 남들이 하라는 대로 살며, 남들이 옳다고 말하는 길만 걸어갔을지도 모른다.

나는 내가 실패했다고 생각하지 않는다. 오히려 더 좋은 상황을 만들 수 있는 기회를 얻었다고 생각한다. 물론 이 길을 걸어가는 것이 쉽지는 않다. 매일 글을 쓰고, 매일 독서하며, 주말과 평일의 구분 없이 해야 할 일을 하고 있다. 그럼에도 나는 행복하다. 군 생활을 할 때보다 훨씬 더 큰 행복감을 느낀다. 만약 실패하지 않았다면, 이런 행복이 있다는 사실조차 알지 못했을 것이다.

실패는 언제나 새로운 기회를 만들어 준다. 그 기회를 잡기 위해서는 더 많은 실패를 경험해야 한다. 어차피 실패할 거라면 차라리 빨리 시도하고, 빨리 실패하는 것이 더 나은 선택이다. 나는 수많은 책을 읽고 글을 쓰며, 실패는 끝이 아니라는 것을 깨달았다. 실패는 다음으로 나아갈 수 있는 방향을 제시해 주는 나침반 같은 것이다.

한때 나도 "이 길이 아니라면 더는 갈 수 없다."라고 생각했다. 하지만 실패를 통해 새로운 길이 있다는 사실을 알게 되었다. 실패는 나에게 더 넓은 시야와 가능성을 열어 주었다.

실패를 두려워하지 말자. 누구나 실패한다. 실패를 두려워할수록 내가 원하는 삶과 점점 멀어질 뿐이다. 계속해서 시도하고 도전하며, 실패를 경험해야 한다. 그렇게 실패들이 쌓이면 결국 나의 실력과 능력으로 돌아온다.

차근차근 실패를 겪으며 나의 경험과 지혜를 쌓아가자. 실패란 단지 내가 예상한 결과가 아니었을 뿐이라는 사실을 깨닫는 것이 중요하다.

나의 세상을 넓히고
시야를 확장하라

사람은 자신이 보는 세계를 세상 전부라고 생각한다. 나 역시 그랬다. 군인의 삶을 살 때는 그것이 내 세계의 전부라고 믿었다. 이 길 말고는 다른 길이 있다는 사실조차 알지 못했다. 시야는 점점 좁아질 수밖에 없었고, 나는 안전하고 확실한 것만을 추구하기 시작했다. 조금이라도 불확실하다고 느껴지면 도전 자체를 하지 않았다.

그러다 우연히 책을 접하면서 나의 시야가 조금씩 확장되기 시작했다. 내가 볼 수 있는 세계는 넓어졌고, 갈 수 있는 길도 많아지기 시작했다. 나의 시야를 넓히는 데 가장 큰 영향을 준 것은 다름 아닌 독서였다. 만약 독서를 하지 않았다면, 내가 볼 수 있는 세상은 내가 경험한 것에 한정되었을 것이다.

이와 관련해 좋은 책 한 권을 추천하고 싶다. 바로 고명환 님의 『고전이 답했다』라는 책이다. 나는 이 책을 무려 여섯 번 정도 읽었다. 읽을 때마다 새로운 사고와 시각을 얻었고, 관련된 동영상까지 찾아보며 공부했다. 그 덕분에 나의 세계는 더욱 확장될 수 있었다.

책에서는 세상을 세 가지 단계로 나눈다 : 물건, 제도, 철학.

고명환 님은 처음에 물건에만 집중했다고 한다. 애초에 물건 이상의 단계인 제도와 철학이 있다는 사실조차 알지 못했다. 당시 그는 포장마차, 감자탕 등 다양한 사업을 했지만, 네 번이나 실패를 경험했다.

그는 이윤을 남기기 위해 더 싼 재료와 낮은 인건비에 초점을 맞췄지만 그런 접근 방식은 성공할 수 없었다. 오히려 더 좋은 식자재를 사용해 음식을 제공했다면 더 나은 결과를 얻었을 것이다. 하지만 돈을 벌기 위해 최대한 이윤을 남기는 데만 집중했고, 그 답을 물건 단계에서만 찾으려고 했던 것이다.

이처럼 단계의 차이를 모르는 사람들이 많다. 속도보다 방향이라는 말이 중요한 이유도 여기 있다. 물건 단계에서 아무리 빠르게 움직여도 답을 찾을 수 없다. 방향을 바꿔 제도와 철학에 관심을 두어야 한다. 즉 단순히 물건을 판매하는 것이 아니라 물건에 나의 서비스와 가치를 담아내는 것이 성공의 열쇠다.

『그리스인 조르바』에는 이런 말이 나온다.

"자신을 구하는 유일한 길은 남을 구하려고 애쓰는 것이다."

모든 사람에게 통하는 마케팅 비법이 있다고 한다. 바로 공짜를 주는 것이다. 마케팅의 대가 세스 고딘은 이렇게 말했다.

"공짜를 줘라."

고명환 님은 수많은 책을 읽고 공부하며 깨달음을 얻

었고, 2014년에 메밀국수 가게를 차리게 되었다. 이 과정에서 그에게 가장 큰 영향을 준 것은 두 가지 명언이었다. 바로 남을 도와주는 마음과 공짜를 주는 전략이다.

예전 같았으면 물건 단계에서 답을 찾으려 했을 것이다. 예를 들어, 메밀국수를 하나 시키면 음료수를 서비스로 제공하는 등 물건에 추가적인 혜택을 붙이는 방식을 생각했을 것이다.

그러나 고명환 님은 깨달았다. 물건만으로는 절대로 근본적인 답이 될 수 없다. 진정한 가치는 자신의 철학과 정신에서 나와야 한다는 것을 알게 된 것이다. 더 나은 방법이 없을까 고민하던 그는 한 가지 아이디어를 떠올렸다. 이미 1997년부터 강의를 해오고 있었는데, 그 강의를 통해 당면한 문제를 풀어가 보자고 생각한 것이다.

"11시에 메밀 국숫집을 오픈하니까, 10시부터 11시까지 1시간 동안 무료로 강의를 하면 어떨까? 내가 가진 지혜와 경험을 무료로 나누자."

단지 이 생각 하나뿐이었다. 이 방식이 매출로 연결될 것이라고는 상상도 하지 못했다고 한다. 하지만 무료 강의를 한다는 소식을 전하니 많은 사람이 강의를 들으러 왔고, 그는 열정을 다해 1시간 동안 좋은 강의를 제공했다. 그런데 놀랍게도, 강의가 끝난 11시가 되어도 강의를 듣던 사람들은 단 한 명도 나가지 않았다. 모두가 그 자리에서 메밀국수를 주문했으며, 어떤 사람은 강의비가 너무 싸다고 느꼈는지 메밀국수를 몇 개씩 포장해 가기도 했다.

이 경험을 통해 고명환 님은 깨달았다. 진심으로 남을 도와주고 공짜로 나누려는 마음을 먼저 가지면, 내가 제공하는 물건의 가치가 자연스럽게 올라간다는 것을 말이다.

내가 『고전이 답했다』를 여섯 번이나 읽은 이유도 이와 비슷하다. 내가 운영하는 독서 모임에서 이 책을 필독서로 지정했기 때문이다. 독서 모임의 리더로서, 나는 이책을 더 깊이 읽고 철저히 이해한 뒤, 참여자들에게 더정확하고 풍부한 내용을 전달해야겠다고 생각했다. 그래서 더 많이 읽고, 공부하게 되었다. 그 과정을 통해 나 역시 중요한 교훈을 얻었다. 물건, 제도, 철학의 개념을 내독서 모임에 적용할 수 있다는 것이다.

나의 독서 모임은 유료로 운영되고 있다. 참여자들에

게 매달 일정 금액의 가입비를 받고 진행 중이다. 그렇다면 물건, 제도, 철학의 개념을 어떻게 나의 독서 모임에 대입했을까?

물건: 독서 모임의 가입비.

제도: 내가 정말 좋다고 느낀 책을 참여자들에게 추천.

철학: 내가 선정한 책을 통독하고 완벽히 이해한 뒤, 매주 강의를 통해 깊이 있는 정보를 제공.

만약 이 개념을 깨닫지 못했다면, 나도 단순히 물건 단계에서 답을 찾으려 했을 것이다. 예를 들어, 다음 기수의 참여자를 모집할 때 더 많은 사람을 끌어들이기 위해 가입비를 낮추거나, 단순히 인원을 늘리는 것밖에 생각하지 못했을 것이다. 그러나 철학과 정신을 기반으로 접근했기에 독서 모임의 가치를 높일 수 있었다.

다시 한 번 강조하고 싶다.

"자신을 구하는 유일한 길은 남을 구하려고 애쓰는 것이다."

독서 모임을 위한 강의를 준비하면서, 나는 마치 망치

로 머리를 맞은 듯한 깨달음을 얻었다. 앞서 설명했듯이, 내가 『고전이 답했다』를 여섯 번이나 읽은 이유는 독서 모임에 참여하신 분들에게 더 좋은 내용을 전달하기 위해서였다. 더 정확하고 풍부한 내용을 알려드리려면, 내가 먼저 공부하고 깊이 알아야 했기 때문이다. 당시 내 생각은 여기까지였다.

'다른 사람들에게 좋은 강의를 하기 위해 내가 더 노력하고 공부하자.'

내가 운영하는 독서 모임에서는 가입비 이상의 가치를 느낄 수 있도록 강의를 준비하고 있다. 단순히 물건 단계에 머무르지 않고, '이 강의는 돈 이상의 가치를 얻었다.'라는 느낌을 받을 수 있게 하고자 했다. 그런데 놀랍게도, 이렇게 깊이 공부하며 책을 읽다 보니 물건, 제도, 철학이라는 개념을 깨닫게 되었다. 만약 평범하게 모임을 운영하려 했다면, 이렇게까지 깊게 공부하지 않았을 것이고, 이런 개념을 알게 되지도 못했을 것이다.

이 깨달음은 앞으로 내가 사업을 할 때도 큰 영향을 미칠 것이다. '물건에서 답을 찾지 말고, 철학과 정신에서 답을 찾아야 한다.' 라는 사실을 진심으로 이해하게 되었기 때문이다. 독서를 하지 않았다면 나 또한 이런 사고방식을 절대로 가질 수 없었을 것이다. 시야를 넓히는 것, 새로운 정보를 학습하고 이를 나의 삶에 적용할 수 있는 범위와 분야를 확장하는 것이 바로 독서의 힘이다.

물론 시야를 넓히는 방법에는 여러 가지가 있겠지만, 나는 독서를 추천한다. 독서만큼 간접적으로 경험할 수 있는 효과적인 방법은 드물다. 시대가 발전하면서 영상이나 다른 수단으로도 학습할 수 있지만, 독서만큼 깊은 사유와 고민, 그리고 사색을 가능하게 하는 매체는 없다고 생각한다. 그렇기에 나는 시간이 날 때마다 독서를 하려고 노력한다. 독서는 세계를 넓혀 주는 마법 같은 시간이다. 이런 시간이 많아질수록 내가 갈 수 있는 길은 더 많아지고, 내 세계도 점점 확장된다.

어떤 책이 반드시 정답이라고 말할 수는 없다. 자신에게 필요한 책을 읽는 것이 중요하다. 내가 무엇에 약하고, 무엇에 강한지를 파악하면, 약점을 보완할 수 있는 책을 선택해 읽는 것이 좋다. 나 역시 책을 통해 깨달음을 얻었기에, 지금도 무료 강의를 통해 내가 배운 지식과 경험을 아낌없이 나누고 있다. 블로그를 통해 신청을 받고, 필요한 사람들을 모아 강의를 진행한다. 이 과정에서 나를 알리기보다는, 이제 막 무언가를 시작한 사람들을 먼저 소개하며 그들의 시작을 돕는다.

"무료로 강의하면 남는 것이 있을까?"라는 질문에 나의 대답은 확고하다. "반드시 있다."

무료 강의는 경제적인 이익을 넘어서 더 큰 가치를 만들어낸다. 나의 강의를 들은 사람들은 자발적으로 강의 후기를 작성해 준다. 그 후기는 강의를 들은 사람에게도, 나에게도 큰 도움이 된다. 무료 강의는 나의 영향력을 확장하는 중요한 수단이자, 나를 알리는 데 큰 역할을 하고 있다.

세계는 내가 보는 시야만큼 넓어진다. 시야를 넓히면 넓힐수록 내가 할 수 있는 일은 더욱 많아지고, 나의 가능성도 확장된다. 독서를 통해 더 많은 것을 배우고, 더 많은 사람과 나눌수록 내가 보는 세상은 넓어질 것이다.

5부 　　　　간절하게 원하라

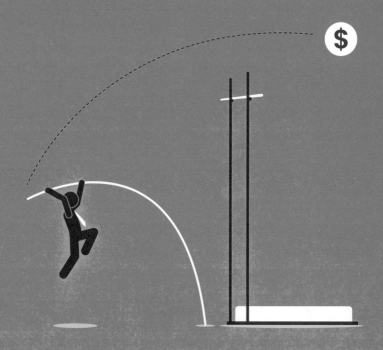

얼마짜리 사람이 되고 싶은가

책을 읽던 중, 단 한 문장이 나를 1시간 넘게 생각에 잠기게 했다. 바로 '나는 얼마짜리인가?'라는 문장이었다. 짧은 문장이었지만, 쉽게 넘어갈 수 없었다. 당시 나는 알고 지내는 작가님의 북콘서트에 참석하기 위해 서울에 갔었고, 근처 서점에서 책을 구매해 카페에서 읽고 있었다. 그러다 이 문장을 발견하게 된 것이다.

'나는 얼마짜리인가?'

처음에는 이 문장의 의미를 전혀 이해할 수 없었다.

"얼마짜리냐고? 사람을 어떻게 돈으로 환산할 수 있다는 말이지?" 의문이 들었다. 하지만 조금 더 생각을 깊이 하고 사고를 확장하니 어느 정도 감이 잡혔다. 더 구체적으로 좁혀 생각을 정리해 보았다. '그렇다면 나는 1년에 얼마를 벌었지?' 순간, 군 생활을 하던 시절의 연봉이 떠올랐다.

그때는 나의 경제적 가치를 정확히 알 수 있었다. 왜냐하면 군인의 연봉은 인터넷 검색만 해봐도 자세한 표로 확인할 수 있기 때문이다. 공무원이었으니 투명하게 공개된 자료를 통해 쉽게 알 수 있었다.

'아, 나는 얼마짜리였구나…'

그 순간, 나의 가치를 조금씩 깨닫게 되었다. 물론, 더 넓은 관점에서 보면 이 질문의 답은 단순히 금전적인 의미를 넘어설 수 있지만, 나는 그 당시 나의 연봉이라는 측면에서 해석했다. 이후, 현재 작가가 된 지금의 나에게 이 질문을 다시 던져 보았다.

'그래, 군인이었던 때와 달리, 작가가 된 나는 얼마짜리일까?'

이 질문에 오랜 시간을 고민했지만, 정확한 답이 떠오르지 않았다. '작가가 된 지금의 나는 군인 시절보다 못 버는 건가?' 사실 현실은 그랬다. 아직 본격적으로 경제 활동을 시작하지 않았기 때문이었다. 하지만 이는 내가 능력이 부족해서가 아니라 계획된 시기가 있어 시작하지 않고 있었을 뿐이었다. 내가 본격적으로 시작한다면, 군인 시절의 연봉보다는 훨씬 많이 벌 수 있을 것이라는 확신이 있었다.

나는 아직 준비 단계에 있었다. 내 에너지를 더 모아야 하는 시기였기에 급하게 나서야 할 이유도 없었다. 그렇다면 여전히 궁금했다. '나는 지금 얼마짜리인가?'

아직 본격적인 활동은 시작하지 않았지만, 이미 나는 다양한 일을 하고 있었다. 웹소설 유료 프로모션을 준비 중이고, 전자책 코칭 사업과 종이책 집필을 진행 중이며, 온라인 강의를 계획하며 팔로워 수도 꾸준히 늘리고 있었다. 하지만 본격적으로 강사의 일을 시작했을 때 내가 얼마나 벌게 될지는 여전히 알 수 없었다.

그리고 문득 한 가지 결론에 도달했다.

'없다!'

정확한 답은 없었다. "내가 얼마를 벌 수 있을까?"라는 질문에 명확한 한계가 없었다. 나에게 상한선도 하한선도 없다는 뜻이었다. 나의 노력만큼, 나의 영향력이 커지는 만큼 나의 경제적 가치는 무한히 달라질 수 있었다. 군인이었을 때와는 다르게, 이제는 내가 얼마나 노력하느냐에 따라 가치가 결정될 것이고, 내가 만들어내는 경제적 가치도, 나의 영향력도 스스로 높여갈 수 있다는 것을 알게 되었다.

나는 이 문장을 머릿속에 깊이 새기고 있다가, 시간이 지나 블로그에 관련된 포스팅을 작성했다. 이제 나는 내가 열심히 노력하는 만큼 나의 가치가 달라질 것이고, 누군가가 나를 평가하는 것이 아니라 스스로 내가 하는 일을 평가하며 살아가고 있었다. 예전에는 한 번도 생각해본 적 없는 문제였기에 이 문장은 내 머릿속에 깊이 자리 잡았다.

그러던 중 그 해답을 블로그 댓글에서 찾게 되었다. 댓

글을 남긴 이는 평소 친하게 지내던 블로그 이웃이었다. 실제로 자주 만나고 전화 통화도 자주 했던, 아주 가까운 사람이었다. 그분은 내 글에 이렇게 댓글을 남겼다.

"내가 얼마짜리인가를 아는 방법은 간단합니다. 북크북크님께 묻겠습니다. 오늘 100억을 드릴 테니 책 쓰기, 독서, 글쓰기를 포기하시라고 하면, '네'라고 대답하면 100억짜리 사람인 겁니다. 반대로, 100억을 준다고 해도 '저는 독서와 글쓰기를 포기할 수 없습니다.' 라고 한다면, 북크북크님은 100억 이상입니다. 사실 제가 보기에는, 천 억을 준다 해도 북크북크님을 살 수는 없을 것 같은데요?"

이 댓글을 보고 마치 머리를 세게 한 대 맞은 것 같았다. 정말 맞는 말이었다. 지금 누군가 몇 천 억을 준다고 해도, 나는 독서와 글쓰기를 포기할 수 없을 것이다. 더 나아가 책을 집필하는 것도 마찬가지다. 내가 하는 일은 돈으로 환산할 수 없다는 뜻이었다. 반면, 만약 내가 군인이었던 시절에 "100억을 줄 테니 지금 당장 전역하세요." 라는 말을 들었다면? 고민도 하지 않고 당장 그렇게 하겠다고 대답했을 것이다.

여기서 나는 중요한 것을 깨달았다. "어떤 것으로도 대체할 수 없는 일을 해야 한다."라는 것이다. 정말로 내가 좋아하고, 계속하고 싶은 일을 직업으로 삼아야 한다. 그렇지 않으면, 상황과 환경에 따라 내 생각이 흔들릴 수밖에 없다는 점을 알게 되었다. 누군가 지금의 직업을 포기하면 100억 원을 주겠다고 했을 때, 받아들이지 않을 사람이 얼마나 될까? 아마도 거의 없을 것이다.

여기서 중요한 점은 명사가 아닌 동사라는 것이다. 글쓰기와 독서, 책 쓰기는 단순한 명사가 아니다. 내가 실제로 행동하며 살아가는 것이다. 반면, 직장에서 일하는 것은 명사가 될 수 있다. 그래서 우리는 동사에 집중해야 한다. 내가 무엇을 하는 사람인지가 중요한 것이다.

작가는 명사名詞다. 그래서 작가는 포기할 수 있다. 하지만 글쓰기는 포기할 수 없다. 이 차이가 중요하다. 내가 하는 일이 단순히 명사로 정의되는 것인지, 아니면 실제로 내가 행동하며 살아가는 동사인지를 고민해야 한다. 동사는 나의 삶을 움직이는 본질이며, 내가 어떤 사람인지를 결정한다.

반대로 묻고 싶다. 당신은 얼마짜리인가? 아니, 100억을 준다고 하면 지금의 직업을 포기하지 않을 것인가? 그런 직업을 선택했고, 그런 삶을 살고 있는가? 이 질문은 단순한 호기심이 아니라 우리의 삶에서 정말로 중요한 질문이다. 만약 그렇지 않다면, 결국 지칠 수밖에 없고 환경과 상황에 휘둘리게 된다. 이직을 권유하려는 것이 아니다. 정말로 내가 원하는 일을 선택해야 한다는 뜻이다.

세상은 빠르게 변화하고 있다. 시간이 더 지나면 스스로 자기 일을 하지 않는 사람들은 기계로 대체되거나, 원치 않는 나이에 비자발적으로 퇴사해야 할 수도 있다. 그렇다면, 당신에게 남는 것은 무엇인가? 회사에서 배운 기술? 명함? 이력서? 하지만 사회로 나오는 순간, 그런 것들은 실질적인 가치를 잃게 될 가능성이 크다.

나 역시 전역 후 이 사실을 깊이 깨달았다. 군 생활 중 나는 체력 특급을 자랑했고, 사격과 전술 지식에서도 뛰어난 성적을 거뒀다. 많은 교관 강연대회에서 수상을 했으며, 여러 훈련에서 성과를 내기도 했다.

그러나 사회에 나온 순간, 이 모든 것이 무의미하게 느껴졌다. "체력이 좋습니다." "사격을 잘합니다." "전술 지식이 뛰어납니다." 이런 말이 사회에서 어떤 의미가 있을까? 어디에도 사용할 수 없었다.

그렇다면 나는 앞으로 어떻게 살아야 할까? 만약 내가 독서, 글쓰기, 책 집필을 통해 작가가 되고 인플루언서가 되는 준비를 하지 않았다면, 나는 지금 무엇을 하고 있을까?

나는 전역하며 스스로 다짐했다. "다시는 남이 시키는 대로 일을 하는 로봇이 되지 않겠다." 통제받고 지시받는 삶을 13년 동안 살아왔다면, 그것으로 충분하다고 생각했다.

그래서 나는 나만의 일을 하기로 결심했다. 아무도 나를 통제하지 않아도, 스스로 일하고, 지시를 받고 수동적으로 움직이는 삶이 아니라 능동적으로 꾸려가는 삶을 선택했다. 하루를 쉬는 날로 정해도 되고, 늦잠을 자도 되는 자유가 있지만, 나는 그런 삶을 선택하지 않았다.

대신 나의 가치를 높이고, 나의 영향력을 키우는 행동을 하기로 결심했다.

누군가의 지시와 통제 아래 살면 스스로 발전해야겠다는 생각조차 하기 힘들다. 단순히 출근과 퇴근을 반복하면, 그에 맞는 월급을 받는 것만으로도 만족해야 한다는 말이 있다. 나는 그런 삶에서 대체할 수 있는 사람이었다. 나는 군대라는 시스템 속에서 하나의 소모품이었다. 나를 대체할 사람은 언제든 나타날 수 있었다.

그러나 지금은 다르다. 북크북크를 대체할 사람은 이 세상 어디에도 없다. 이 책도 나만이 집필할 수 있다. 내가 쓰는 웹소설의 스토리도 오직 내가 이어갈 수 있다. 내가 하는 강의와 코칭도 나만 할 수 있는 일이다. 그 누구에게도 대체되지 않는 삶, 그것이 내가 선택한 길이다.

다시 묻고 싶다. 당신은 얼마짜리인가?

자신만의 마법의 시간을 찾아라

"시간을 잘 관리해라!" "시간을 유용하게 써야 한다!"

이런 말을 하고 싶은 게 아니다. 내가 전하고 싶은 말은 시간에 끌려 다니지 말라는 것이다. 마감시간이 임박해서 허둥지둥 일을 처리하거나 예상치 못한 급한 일 때문에 정작 중요한 일에 시간을 쓰지 못하는 상황을 만들지 말라는 뜻이다. 가만히 있어도 시간은 흘러간다. 중요한 것은 단순히 노력하거나 바쁘게 움직이는 것이 아니라 시간을 어떻게 사용할 것인지에 대한 주도권을 가지는 것이다.

한때 '미라클 모닝'이라는 개념이 유행했다. 한 책을 통해 널리 알려졌고, 나도 그 내용을 알고 있었다. 그래서 무작정 새벽 4시에 일어나 하루를 빨리 시작해야겠다고 생각했다. 첫날은 쉬웠다. 하지만 시간이 갈수록 나와는 맞지 않는다는 것을 깨달았다. 이유는 단순히 피곤해서가 아니었다. 나의 삶과 리듬에 맞지 않았기 때문이었다.

그 이유는 간단하다. 나는 군인이었기 때문이다. '미라클 모닝'은 주로 몸을 많이 쓰지 않는 직업군에게 더 적합하다. 하지만 나는 출근하면 체력 단련을 해야 했고, 훈련도 소화해야 했다. 아침 일찍 일어나는 것이 오히려 역효과를 불러왔다. 이런 경우는 흔하다. 남들이 좋다고 해서 나의 생활 방식을 고려하지 않고 무작정 따라 하다 보면, 오히려 해가 되는 경우다.

나에게는 퇴근 후에 집중하는 것이 훨씬 더 큰 도움이 되었다. 하지만 많은 사람이 이런 실수를 반복한다. 남들이 "이게 좋다." "저게 좋다." 라고 하면, 자신의 상황을 분석하지 않고 무작정 실행에 옮긴다. 그렇게 되면 지속하지 못한다. 결국 중요한 것은, "미라클 모닝이란 무엇인가?"라는 질문에 대해 본질을 이해하는 것이다.

미라클 모닝의 핵심은 단순히 새벽에 일어나 시간을 확보하라는 것이 아니다. 나에게는 이렇게 해석된다. "나에게 집중할 수 있는 시간을 확보하라." 시간은 단순히 더 확보한다고 해서 의미가 생기지 않는다. 시간을 어디에 쓰는지가 훨씬 중요하다.

우선, 시간을 어디에 쓰고 있는지 파악하는 것이 먼저다. 낭비되고 있는 시간을 찾아내고, 그것을 나의 발전을 위한 시간으로 전환해야 한다. 새벽에 일어나도 집중하지 못하고 산만하게 시간을 흘려보낸다면, 과연 그 시간의 의미가 있을까? 결국 중요한 것은 일어나는 시간이 아니라, 일어나서 시간을 어떻게 사용하는가이다.

어느 날 누군가 내게 물었다.

"작가님은 하루를 어떻게 보내시나요? 시간을 보통 어떻게 활용하시나요?"

나는 나의 일과를 솔직히 설명했다.

"평균적으로 자는 시간은 6시간에서 8시간 사이입니다. 잠드는 시간은 일정하지 않은데, 늦으면 새벽 3시쯤 잘 때도 있고요. 일어나는 시간은 보통 오전 10시에서

12시 사이입니다."

그러자 그 사람은 놀란 듯 되물었다.

"네? 그렇게 늦게 일어나신다고요?"

"네, 이게 저에게는 최적의 시간입니다."

나의 답변에 그는 놀란 듯 다시 물었다.

"작가님은 미라클 모닝 같은 건 안 하시나 봐요?"

"저는 그런 거 안 합니다. 사람마다 자신만의 최적의 시간이 있다고 생각합니다. 그리고 저는 지금의 루틴이 편합니다."

나는 새벽에 일찍 일어나는 것이 나의 루틴에는 크게 도움이 되지 않는다는 것을 알고 있었다. 아마도 군인 시절부터 이어진 습관일지도 모른다. 내가 집중할 수 있는 시간은 저녁이었다. 아침에는 많은 일을 하면서 생각을 정리하고, 저녁이 되었을 때 글이 더 잘 써진다는 것을 경험적으로 알았기 때문이다. 그래서 누가 좋다고 해도 무조건 따라 하지 않았다. 자신만의 삶의 리듬과 시간이 따로 있기 때문이다.

나는 하루 일과를 일어나서 잘 때까지 글을 쓰는 데 대부분 시간을 쓴다. 물론 중간 중간 휴식을 취하기도 하지만, 1시간을 통째로 쉬거나 하지는 않는다. 매일 그렇게 생활하기 때문에 부담이 되지도 않는다. 내가 시간을 어디에 사용하는지가 가장 중요하다. 그런 시간을 소중히 여겨야 한다. 그리고 무엇보다 몰입이 중요하다.

내가 꼭 지키는 습관 중 하나는 매일 최소 30분 이상 산책하러 나가는 것이다. 30분이라는 시간은 나에게도 큰 의미가 있다. 그 시간에 소설을 더 집필하거나 책을 더 쓸 수도 있다. 그런데도 산책 시간을 반드시 확보한다. 왜냐하면 이 30분이 나중에 30년의 가치를 만들어 줄지도 모르기 때문이다.

이런 시간을 나는 '마법의 시간'이라고 부른다. 성공한 사람들은 이 마법의 시간을 잘 활용했기에 남들보다 시행착오를 덜 겪었다고 한다.

마법의 시간, 당신에게는 있는가?

독서, 글쓰기, 산책, 명상 등 온전히 자신을 위해 사용할 수 있는 시간을 이야기한다. 매일 자신과 대화하는 시간을 확보하지 않으면 시간을 진정 유용하게 사용할 수 없다. 자신과 대화하는 시간이 많아질수록, 내가 진정으로 원하는 것이 무엇인지, 그리고 목표를 이루기 위해 무엇을 해야 하는지 자연스럽게 알게 된다.

이런 시간이 꼭 필요하다. 아무것도 아닌 것 같지만, 시간이 지날수록 이 시간의 힘은 점점 거대해진다. "굳이 그런 시간이 필요할까?"라고 생각하는 사람들은 제자리걸음을 하고 있을 확률이 높다. 노력해도 나아지지 않는다는 느낌이 든다면, 마법의 시간이 필요한 순간이다.

나는 이 마법의 시간을 활용하기 때문에 매일 독서하고 글을 쓴다. 마법의 시간이 나의 삶을 움직이는 원동력이라는 것을 알기 때문이다. 중요한 것은, 자신에게 맞는 시간을 반드시 찾아야 한다는 것이다.

누군가에게는 새벽이 좋을 수도 있고, 나처럼 저녁 시간이 더 잘 맞을 수도 있다. 혹은 점심 시간이 최적의 시간일 수도 있다. 자신만의 마법의 시간을 찾아 활용하라. 그 시간이 인생을 바꾸는 가장 중요한 자원이 될 것이다.

보도 섀퍼는 이렇게 말했다.

"성공하는 삶이란 특별할 것이 없다. 똑같이 주어진 시간 안에서 더 많이 배우고 더 많이 성장하는 삶, 그것이 가장 성공한 삶이다."

시간은 누구에게나 공평하다. 24시간. 누구도 그 이상도, 그 이하도 받지 않는다. 누군가는 위대한 업적을 남겼고, 누군가는 평범한 삶을 살았다. 누군가는 자신의 책을 세상에 내놓았고, 누군가는 그 책을 읽기만 했다. 당신은 어떤 삶을 살고 싶은가? 나의 소중한 시간을 어디에 투자하고 있는가? 그리고 나에게 최적의 시간은 언제인가? 이런 질문을 자신에게 해본 적이 있는가?

똑같이 주어진 시간 안에서 더 많이 배우는 방법은 무엇일까? 남들이 하지 않는 노력을 지금 내가 하고 있는지 스스로 물어야 한다. 성공한 사람들이 왜 독서와 글쓰기를 강조할까? 같은 시간 안에서 가장 많이 배우는 방법이기 때문이다. 이 사실을 아는 사람들은 어떻게든 그 시간을 만들어내려 한다.

성공하기 위해서는 나의 시간을 정확히 알아야 한다.

같은 24시간이지만, 시간을 흘려보내는 방식은 사람마다 다르게 느껴진다. 몰입하면 시간은 빠르게 지나가고, 좋아하는 일을 하면 그 속도는 더 빨라진다. 반대로 하기 싫은 일을 할 때는 1시간이 10시간처럼 느껴지기도 한다. 왜 이런 차이가 생기는 걸까? 그것은 몰입과 감정의 차이 때문이다.

좋아하는 일을 하면 시간은 순식간에 흘러간다. 반면, 하기 싫은 일을 할 때는 시간이 억겁처럼 느껴진다. 당신은 지금 어떤 일을 하면서 살고 있는가? 어떤 시간을 느끼며 인생을 보내고 싶은가? 그 답은 본인이 가장 잘 알고 있을 것이다. 내면의 목소리를 들을 시간을 주지 않으면, 자신에게 질문조차 할 수 없다.

어떤 시간이 자신에게 가장 잘 맞는지 알아내고, 그것을 활용하라. 누군가의 지시와 통제 속에서 사는 삶은 나의 시간이 아니다. 그것은 그들의 시간이다. 업무 효율을 위해 나의 시간을 투자할 때 결과가 나오긴 하지만, 그것은 나를 위한 시간이 아니다. 반면, 마법의 시간은 당장 결과는 없더라도, 장기적으로 더 나은 결과를 가져다 준다.

자신을 발전시켜 주는 곳에 시간을 사용해야 한다.

나는 집필하는 것을 좋아한다. 때로는 힘들지만, 좋아하기 때문에 멈추지 않을 수 있다.

하지만 좋아하지 않는다면 꾸준히 하기란 거의 불가능하다. 내가 매일 소설 2만 자 이상을 쓸 수 있는 이유도 그 시간이 나에게 기쁨을 주기 때문이다. 누군가 시켜서 하는 일이 아니라, 나만의 시간이기 때문이다.

당신만의 시간을 찾아라. 그리고 활용하라.

시간이 지날수록 당신은 점점 더 좋아하는 삶을 살게 될 것이다.

실천하라, 실패하라, 실력을 높여라

'인생은 실시간으로 이루어진다.'

여기서 '실시간'의 '실'은 실천, 실패, 그리고 실력을 의미한다. 실천의 힘은 누구나 알고 있다. 나 역시 실천력 하나로 여기까지 올 수 있었다. 생각만 하고 행동하지 않으면 어떤 결과도 만들 수 없다. 고민하는 사이에도 누군가는 이미 시작하고 있다. 가만히 앉아서 아무리 고민해도 현실은 달라지지 않는다. 나는 이를 깨달았기에 누구보다 실천의 힘이 중요하다는 것을 믿는다.

삶을 바꾸고 싶다면 움직여야 한다. 그래야 삶이 움직인다. 부족하고 엉성하더라도 일단 실천으로 옮겨야 새로운 결과를 만들어낼 수 있다. 가만히 있으면 내가 이미 아는 결과만 반복될 뿐이다. 꿈이 있다면, 꿈이 멀리 도망가지 않도록 내가 직접 움직여야 한다. 준비가 부족하면 어떤가? 실천하면서 수정하면 된다. 모든 것을 한 번에 완벽하게 해내는 사람은 거의 없다.

움직이는 것이 중요하다.

내가 움직이지 않으면 아무도 나를 발견하지 못한다. 돌처럼 가만히 박혀 있지 말자. 작은 개미처럼 끊임없이 움직이자. 아무리 작은 행동이라도 내가 움직이고 실천하고 있다는 사실 자체가 눈에 보이기 마련이다. 가만히 있으면 아무리 좋은 원석이라도 발견되지 않는다. 꿈을 향해 걸어가는 사람만이 꿈에 도달할 수 있다. 실천에 옮기고 나서 실패할 수도 있다.

실패는 모든 도전의 기본 값이다. 당연한 일이다. 실패를 왜 그렇게 두려워하는가? 실패를 좀 하면 어떤가? 작은 실패들이 모여 큰 성공을 만든다는 사실은 이미 누구나 알고 있다. 그렇다면 남들보다 빠르게 실패할 용기를 가져야 한다. 실패가 두려워 아무것도 하지 못하고 있는 사람이 얼마나 많은가? 나 역시 그랬다. 이 책이 세상에 나올 수 있을지 그 누구도 보장할 수 없지만, 실패를 두려워하지 않기 때문에 나는 이 책을 쓰고 있다.

수영을 잘하려면 물을 두려워하지 말아야 한다. 마찬가지다. 성공하기 위해서는 실패를 두려워하지 않아야 한다. 실패는 결과가 아니라 과정일 뿐이다. 실패는 도전했다는 증거다. 실패하지 않은 사람은 도전조차 하지 않은 사람이다. 실패를 걱정할 것이 아니라, 시도조차 하지 않아 놓친 기회를 걱정해야 한다.

> "기회는 매일, 매 순간 우리에게 주어지고 있다. 실패의 위험성보다 성공의 가능성을 먼저 보자. 두려움에 갇혀 현재의 편안함만을 추구하며 살지 않겠다고 결심하지 않았는가?"
>
> _「나는 오늘도 경제적 자유를 꿈꾼다」

실패의 위험성보다 성공의 가능성에 집중해야 한다. 대부분 사람은 실패의 가능성이 조금이라도 있으면 절대로 움직이지 않는다. 그러나 성공한 사람들은 두려움을 이겨내고 한 걸음 더 나아간 사람들이다.

보도 새퍼는 이렇게 말했다.

"지금 하고 있는 일의 결과가 실패로 돌아갈 수도 있다. 하지만 정말로 실패하기 전까지는 절대 실패할 것이라고 생각해서는 안 된다. 성공할 것이라는 강한 믿음 속에서 실패하는 것과, 실패할 것이라는 예감 속에서 실패하는 것 사이에는 큰 차이가 있다. 실패할 것이라는 예감이 적중되는 순간, 우리는 소중한 것을 잃는다. 바로 다시 일어설 수 있는 용기다."

실패할 것이라는 예감을 적중시켰다고 축하해 주는 사람은 없다. 인생은 우리가 생각하는 방향대로 흘러가는 법이다. 성공한 사람은 수많은 실패를 겪었다. 첫 실패에서 무너졌다면 성공에 도달하지 못했을 것이다. 성공한 사람들에게는 여러 가지 이유가 있겠지만, 실패한 사람의 유일한 이유는 포기하는 것이다.

포기하는 순간, 실패는 진짜 끝이 된다. 하지만 포기하지 않는 한, 실패는 언제든 다시 시작할 기회로 바뀔 수 있다.

"실패는 언제든 해도 좋다. 포기만 하지 않으면 결국 성공한다."

목표를 이루겠다는 열정이 실패할지도 모른다는 걱정을 이겨야 한다. 걱정이 열정을 눌러버리면, 실패에 대한 두려움은 점점 커진다. 미리 걱정하는 미래가 현실이 되지 않도록, 계속 도전하고 실패를 반복해야 한다. 실패와 도전의 과정에서 실력은 조금씩 성장한다.

가장 많이 실패한 사람이 가장 높은 실력을 지니고 있다. 실천하지 않으면 실패조차 할 수 없다. 실천력이 높은 사람은 누구보다 많은 실패를 경험한 사람이다. 나 역시 수많은 실패를 겪었다. 하지만 나는 멈추지 않았다. 실천했기 때문이다.

실패를 받아들이기로 다짐했기 때문에 실패를 두려워하지 않을 수 있었다.

"실패하지 않고 해낼 수 있다면, 그건 힘든 일이 아닙니다. 그러므로 위대한 일을 이루려면 반드시 실패해야 합니다."

_『리프레임』

실패하지 않고 해낼 수 있는 일은 어려운 일이 아니다. 아침에 일어나고, 저녁에 잠드는 일이 힘든 일인가? 씻고 밥 먹고 자는 일이 어렵다고 생각하는가? 아니, 애초에 이런 일들은 실패할 수 있는 일조차 아니다. 그렇다면 실패를 했다는 건 위대한 일을 하고 있다는 증거다.

내면이든 외면이든, 위대한 목표를 세웠기에 실패를 경험하는 것이다. 쉬운 일은 애초에 실패조차 할 수 없다.

내가 이루고자 하는 꿈이 클수록 더 많은 실패가 필요하다. 위대한 일을 이루기 위해서는 누구보다 많은 실패를 겪고, 누구보다 많은 시도를 해야 한다. 이런 과정 없이 성공은 불가능하다. 실패는 그 자체로 성공의 연료가 된다.

실패를 많이 할수록 나의 실력은 향상한다. 운동선수들은 자신의 실력을 믿는다. 수많은 연습에서 실패했던 경험을 믿기 때문이다. 나는 스스로 내 글쓰기 실력이 뛰어나다고 생각하지 않는다. 하지만 매일 글을 쓴다.

비록 당장 눈앞에 성과로 드러나지 않더라도, 내 실력은 조금씩 성장하고 있다고 믿는다. 수많은 글을 쓰고 실패를 경험했기 때문이다.

때로는 "이렇게 쓰면 사람들이 많이 읽어 주겠지?"라는 기대를 품고 글을 썼지만, 예상과 달리 반응이 저조했던 적도 있었다. 이런 반복된 경험들이 쌓여 책을 집필할 수 있는 기반이 되었다.

어떤 글을 써야 할까? 어떤 메시지를 담아야 할까? 하루에도 수십 번 고민하며 실패를 반복한다. 이러한 과정이 나의 실력을 점점 더 단단하게 만들어 준다.

노력한 만큼, 실패한 만큼 실력은 높아진다. 갑자기 실력이 '확' 오르는 경우는 없다. 그런 사람은 존재하지 않는다. 갑작스럽게 성공한 것처럼 보이는 사람들도, 실은 수천 번의 실패를 겪으며 실력을 쌓아왔다. 처음부터 잘하는 사람은 없다.

꾸준히 자신의 실력을 쌓아온 사람들만이 존재할 뿐이다. 하지만 많은 사람은 조급함을 느낀다. 빨리 실력이 늘어나고 결과가 나오기를 바란다. 그런 기대가 높을수록 좌절감에 빠지기 쉽다. 꾸준히 실력을 쌓아온 사람들은 좌절하지 않는다. 언젠가는 성공할 것이라는 믿음을 가지고 있기 때문이다. 지금의 결과보다 장기적인 시간 투자와 실패를 통해 실력을 쌓는 과정이 훨씬 더 중요하다.

갑작스럽게 성공할 수도 있다. 내 능력보다 더 큰 성공을 할 수도 있다. 하지만 그런 성공은 무너졌을 때 다시 일어나기 힘들다. 내 실력으로 쌓아 올린 것이 아니기 때문이다.

처음부터 천천히, 단단히 실력을 쌓아야 한다. 갑작스럽게 이루어진 성공은 운의 결과일 뿐이다. 이런 생각을 항상 마음에 품고 살아간다.

책을 읽는 사람들이 점점 더 적어지고 있다는 현실을 알고 있다. 유튜브나 쇼츠를 통해서 정보나 지식을 얻을 수 있다고 생각하는 것 같다. 결국 책이 설 자리는 조금씩 줄어들고 있는 것 같다. 하지만 수천 년을 살아남은 매체가 허무하게 사라질 일은 거의 없을 것이다. 마찬가지로 내가 책을 쓰는 이유는 쓰는 것 자체로 나 자신이 성장하기 때문이다. 그리고 글이란 것은 쓰면 쓸수록 익숙해지고 더 잘 쓸 수 있게 되는 거라고 믿기 때문이다.

그래서 나는 단 하루도 빼놓지 않고 글을 썼다. 하루라도 빼먹었다면 이 모든 것이 불가능했을지도 모른다.

실력은 그렇게 조금씩 쌓여간다. 그렇기에 나는 실패하더라도 다시 일어날 수 있다. 이 책이 첫 책만큼 인기가 있을지 없을지는 알 수 없지만 나는 다시 책을 쓸 수 있다. 실패는 나를 단단하게 만들어 주는 과정이고, 그것이 지금의 나를 만든 힘이니까.

실력을 꾸준히 쌓자. 그 누구도 나를 판단할 수 없을 정도의 실력을 갖추면 된다. 실력을 쌓는 데 시간을 투자하자. 실력이 높아질수록 실패할 확률은 낮아질 것이다.

시간이 필요하다. 시야를 넓혀라. 시기가 온다

"인생은 실시간으로 이루어진다. 여기서 '시'는 시간, 시야, 그리고 시기를 의미한다. 시간을 내야 하고, 시야를 넓혀야 한다. 그래야 시기가 온다.

시간의 중요성은 아무리 강조해도 지나치지 않다. 나의 시간을 살아야 한다. 남의 시간이 아닌, 온전히 나의 시간을 사는 것이 가장 중요하다. 회사에서의 출퇴근 시간은 어쩔 수 없다고 하더라도, 퇴근 후와 출근 전의 시간을 어떻게 사용하느냐가 삶의 방향을 바꾼다.

"시간이 없다." "바빠서 시간을 낼 수 없다."

흔하게 하고 있는 말이다.

그러나 진정으로 시간을 낼 의지가 있다면, 자기 자신과 끊임없이 대화하며 시간을 찾아야 한다. 정말 시간이 없는 것인지, 아니면 핑계에 불과한 것인지, 스스로가 가장 잘 알고 있을 것이다.

그렇다면 어떤 시간을 내야 하는가? 그것은 바로 시야를 넓히기 위한 시간이다. 나 역시 좁은 울타리 안에서 내가 보는 세상이 전부라고 믿으며 평생 살아왔었다. 시야의 확장이 얼마나 중요한지 깨달은 뒤, 내 삶은 크게 달라졌다. 세상은 내가 보는 만큼만 보인다. 더 많은 세상을 보고 싶다면, 먼저 나의 세상이 넓혀져야 한다.

나의 시야를 넓히는 가장 효과적인 방법은 무엇일까? 여러 가지 방법이 있겠지만, 그중 최고는 경험이다. 특히 간접 경험이 중요하다. 그리고 간접 경험의 최고의 도구는 바로 독서다. 독서는 내가 직접 경험하지 못한 지식과 지혜를 얻을 수 있게 해 준다. 독서를 통해 나는 전혀 알지 못했던 세계를 접했고, 그로 인해 내 시야는 확장되었으며, 더 많은 일을 할 수 있게 되었다.

내 시야가 좁았다면, 내가 할 수 있는 일 역시 제한적이었을 것이다. 반면, 시야가 넓어진 지금은 내가 도전할 수 있는 일들이 훨씬 다양해졌다. 독서는 나의 세계를 선명하고 풍부하게 만들어 주는 최고의 도구다.

독서를 통해 나는 전혀 알지 못했던 지식과 지혜를 얻었다. 비록 몸으로 직접 경험한 것은 아니지만, 깨달음을 얻고 내 삶에 적용할 수 있었다. 독서를 하면 할수록 세상이 넓어지고, 동시에 내가 얼마나 많은 것을 아직 모르는지도 깨닫게 되었다. 그래서 나는 매일 독서를 한다. 매일 나의 시야를 넓히고 사고를 확장하기 위해 시간을 투자한다.

책이 내 인생을 송두리째 바꿔놓았다. 책은 시간과 공간의 제약으로 내가 만날 수 없는 사람과 대화를 나눌 수 있는 유일한 통로다. 무협지의 비급처럼 한 권의 책이 내 유일한 스승이 될 수도 있다. 만약 책을 통해 다른 세상을 접하지 못했다면, 나는 나의 방식으로만 세상을 판단하며 살았을 것이다. 내가 아는 지식과 경험만으로 세상을 해석하고, 더 넓은 기회를 보지 못했을 것이다. 직접 경험할 기회가 없다면, 독서를 통해 간접 경험을 쌓아야 한다. 앞서 걸었던 사람들의 방식을 배우고, 시행착오를 미리 알 수 있다는 건 엄청난 기회다. 독서를 많이 할수록 실패할 확률은 줄어들기 때문이다.

하지만 시야가 좁은 사람은 시야를 넓혀야 할 필요성 자체를 느끼지 못한다. 지금의 세상에 만족하기 때문이다. 나의 주변에도 그런 사람들이 많다. 살면서 단 한 권의 책도 읽지 않는 사람들이다. 무엇을 좋아하고, 무엇을 하고 싶은지 모른 채 살아간다. 이것이 나쁘다는 뜻은 아니다. 다만, 자신이 정말 원하는 것을 알 수 있는 가장 강력한 도구인 독서를 사용하지 않는 것이 안타까울 뿐이다.

나는 독서의 힘을 직접 경험했고, 그것을 내 삶에 적용했다. 그래서 나의 삶을 살고 있다. 그렇기에 주변 사람들에게도 끊임없이 독서를 권장한다. 책을 통해 시야를 넓히고, 자신의 가능성을 발견하며, 더 넓은 세상으로 나아갈 수 있기 때문이다.

보도 섀퍼는 이런 말을 했다.

"성공하는 사람들이 왜 한결 같이 탐독가인 줄 아는가? 배우고 생존하고 번영하고 확장하는 데 독서만큼 가성비 좋은 방법이 없다는 것을 잘 알고 있기 때문이다."

전적으로 동의한다. 정말 독서만큼 가성비가 좋은 것은 없다. 저렴한 구독료로 전자책을 통해서 한 달 동안 책을 매일 읽을 수도 있다. 새로운 책이 나오면 서점에 가서 밥 한 끼 가격으로 누군가의 평생 업적이나 철학이나 조언을 구할 수도 있다. 워렌 버핏과 점심 한 끼를 먹는 데 수십 억이 드는 것에 비하면 내 시야를 넓히는 데 있어 독서만큼 효율적인 도구는 없다. 단돈 몇 만 원으로 간접 경험을 쌓는 방법은 독서 외에는 존재하지 않는다.

시야를 넓히면 무엇을 얻을 수 있을까?

바로 기회와 시기다. 내가 무엇인가를 할 수 있는 정확한 타이밍을 파악할 수 있다. 하지만 시야가 좁은 사람은 기회를 잡을 수 없다. 어떤 기회가 다가왔는지조차 알지 못하며 살아간다. 반면, 시야를 넓힌 사람은 자신에게 기회가 많다는 것을 스스로 깨닫는다. 그런 사람은 더 넓은 관점으로 세상을 바라보며 남들이 보지 못하는 기회를 포착하고 자신에게 끌어들인다.

기회는 사라지지 않는다. 단지 누군가가 가져갈 뿐이다.

내가 알아차리지 못한 기회는 누군가가 와서 주워간다. 내가 알았다면 잡았을 기회가 얼마나 많았을까? 하지만 애초에 보지 못하니 기회를 잃었다고 생각조차 하지 못한다. 성공한 사람들이 매일 독서하고 관점을 넓히는 이유는 바로 기회를 만들고 잡을 수 있는 능력을 키우기 위해서다.

예를 들어, 내가 무협 소설을 연재하자마자 출판사로부터 제의를 받은 것 또한 하나의 기회였다. 내가 많은 무협 소설을 읽고, 웹소설 플랫폼에 나의 이름으로 된 무협을 올렸기 때문에 가능했던 일이다. 즉 스스로 기회를 만들어낸 것이다. 무협 소설을 읽지 않았다면 이런 기회는 애초에 생길 수조차 없었을 것이다.

독서는 이렇게 예기치 못한 기회를 가져다 준다. 책을 읽고 세상을 넓히면서 주변에 작가들과 연결되었고, 웹소설을 쓰는 사람들과도 인연을 맺을 수 있었다. 이 모든 것이 독서에서 시작되었다.

　시기가 올 때까지 기다리지 말라. 스스로 시기를 만들어라.

　기회를 기다리기만 하는 사람은 한없이 기다릴 뿐이다. "더 좋은 기회가 올 거야." "더 좋은 시기가 있을 거야."라는 생각만 하며 움직이지 않는다면 아무것도 얻을 수 없다. 시야를 넓힌 사람은 스스로 기회를 찾아 나선다. 그리고 누구보다 빠르게 시기를 만들어낸다.

　시간을 내고 시야를 넓혀라. 그러면 스스로 시기를 만들 수 있다.

　기회는 기다리는 것이 아니라 만들어가는 것이다. 성공하고 싶다면 나만의 기회를 찾아내고, 그 기회를 놓치지 않도록 준비해야 한다. 시간, 시야 그리고 시기. 이 세 가지가 성공의 핵심이다.

간단하게 생각하라, 간극을 좁혀라, 간절하게 원하라

생각이 많으면 많을수록 부정적인 감정이 들기 마련이다. 이와 관련해 나의 사고방식을 크게 바꿔준 책이 있다. 바로 『당신이 생각하는 것을 모두 믿지 말라』라는 책이다. 그 책에서 발견한 문장 하나를 소개한다.

"우리가 사고라는 행위를 통해 느끼는 것은 오로지 부정적 감정뿐이라는 사실입니다."

이 문장은 생각과 사고의 차이를 명확히 짚어준다. '생각'에서 멈춰야 한다. 그 이상으로 넘어가 '사고'로 깊이 빠져들면 부정적인 생각들이 함께 들어오게 된다는 것이다.

예를 들어, '작가가 되고 싶다.' 라는 생각이 들었다면, 거기서 멈추고 바로 실행에 옮겨야 한다. 하지만 만약 이를 사고로 발전시키면, '작가가 되려면 책도 많이 읽어야 하고, 글도 잘 써야 하는데, 내가 과연 될 수 있을까? 그리고 작가가 되면 생활이 가능할까?'와 같은 부정적인 의문들이 꼬리를 물기 시작한다. 이렇게 사고를 하다 보면, 스스로 되지 못할 이유와 핑계를 찾아내게 된다.

'우리가 느끼는 감정의 강도는 사고의 양에 반비례합니다. 즉 적게 생각할수록 긍정적 감정의 강도가 증가하는 겁니다.'

_『당신이 생각하는 것을 모두 믿지 말라』

생각은 즉시 실행으로 이어져야 한다. 생각을 오래 끌면 부정적인 사고가 끼어들게 되고, 이는 긍정적인 감정을 약화시키며 행동할 확률을 낮춘다. '무엇을 해야겠다.' 라는 생각이 떠올랐다면, 주저하지 말고 바로 실천에 옮겨야 한다. 성공 가능성을 고민하기 시작하는 순간, 실패할 수 있는 이유를 스스로 합리화하게 된다.

"적게 생각할수록 긍정의 강도는 올라간다."

물의 본질적인 상태는 깨끗하다. 하지만 우리가 그 물을 흔들면 탁해진다. 우리의 마음과 생각도 이와 같다. 원래는 깨끗하고 평온하지만, 지나친 사고로 인해 스스로 부정적인 감정을 만들어내고 혼란에 빠지게 된다.

물에 모래를 넣고 흔들었을 때, 다시 깨끗하게 만드는 방법은 단순하다. 그냥 가만히 두는 것이다. 우리의 마음 역시 그렇다. 부정적인 감정이 생길 때, 더 이상 생각하지 않는 것이 마음을 다잡는 가장 효과적인 방법이다.

"생각을 복잡하게 하지 말자."

간단하게 생각하면 목표에 다가가는 길도 단순하고 명확해진다. 생각이 길어질수록 방황하게 되고, 부정적인 요소들이 마음을 잠식할 것이다. 목표를 세웠다면, 바로 행동으로 옮기자. 고민은 짧게, 실행은 빠르게. 그렇게 할 때, 우리는 더 맑은 마음으로 원하는 목표에 다가갈 수 있을 것이다.

나의 꿈과 현실 사이의 간극이 멀수록, 우리는 행복감을 느끼지 못한다.

내가 이루고자 하는 꿈은 저 멀리 있는데, 현재의 나를 돌아보면 좌절감을 느낄 때가 있다. 그렇다면 무엇을 해야 할까? 나의 꿈과 현실의 간극을 좁혀야 한다. 내가 바라는 꿈을 이루기 위해 끊임없이 노력해야 한다는 뜻이다. 간극을 좁힐수록 행복감은 자연스럽게 커진다. 그래서 나는 지금 행복하다.

작가가 되고 싶다는 나의 꿈과 현실의 간극을 좁혔기 때문이다. 아니, 꿈을 이루었다고 해도 과언이 아니다. 내가 스스로 선택한 삶이기에, 어떤 시련이 와도 버텨낼 수 있다.

대부분의 사람은 행복한 삶을 꿈꾼다. 그 꿈을 이루기 위해 열심히 일하고 시간을 투자한다. 하지만 시간이 흐르면서 '꿈과 점점 멀어지고 있다.' 라는 느낌을 받게 된다면, 우리는 쉽게 행복감을 잃는다. 내가 정말 원하는 꿈이 있다면, 그 간극을 좁혀야 한다. 멀리서 풍경만 바라본다고 해서 바뀌는 것은 없다. 내가 직접 그 풍경 안으로 들어가야 한다.

나는 나의 꿈과 현실 사이의 간극을 좁히기 위해 끊임없이 노력했다. '자기계발 작가'라는 꿈을 이루었고, 이제는 '최고의 동기부여 강사'라는 새로운 목표를 향해 가고 있다. 아직 강사의 길을 본격적으로 걷지는 않았지만, 매주 온라인 줌 강의를 무료로 진행하고 있다. 그것이 내가 가고자 하는 강사의 삶과의 간극을 좁혀주는 과정임을 알고 있기 때문이다.

누군가가 나를 불러주지 않는다면, 내가 직접 무대를 만들면 된다. 매주 강의를 열고, 주제를 바꿔가며 꾸준히 진행하다 보니 적게는 몇 십 명에서, 많게는 100명이 넘는 사람들이 나의 강의를 들으러 온다. 이제는 공지 없이도 나의 강의를 기다려주는 분들도 생겼다. 이런 시간이 쌓여 경험이 되고, 나의 영향력이 높아지면서 기회는 저절로 따라온다. 그렇게 간극을 좁혀가는 과정에서, 예상하지 못한 기회들이 생긴다.

협업 요청, 강의 제안 등 다양한 가능성이 나를 찾아오고 있다. 이런 기회들이 간극을 좁히는 행동에서 비롯되었다는 것을 잘 알고 있다. 내가 하는 책 집필 역시 내가 되고자 하는 동기부여 강사와의 간극을 좁히는 행동 중하나다.

어떤 꿈을 가지고 있는가? 그 꿈을 이루기 위해 어떤 행동을 하고 있는가? 무엇을 해야 내 꿈과 한 발짝이라도 가까워질 수 있을까? 이 질문들에 스스로 답하며, 행동으로 옮기는 것이 중요하다. 꿈과의 간극을 좁히기 위한 노력은 단순히 내 시간을 투자하는 것이 아니라 미래의 기회를 만들어가는 과정이다.

"꿈과의 거리가 좁혀질수록, 우리는 더 많은 기회를 만난다."

꿈을 향해 나아가는 동안 생기는 크고 작은 기회들은, 결국 내 노력의 결과물이다. 꿈을 단지 바라보며 기다리는 것이 아니라, 꿈을 향해 발걸음을 옮기는 사람만이 꿈과 가까워질 수 있다.

지금 당신은 어떤 행동으로 꿈과의 간극을 좁히고 있

는가? 내가 앞으로 나아갈수록, 나의 꿈은 점점 현실에 가까워질 것이다.

간절하게 원해야 한다. 간절함은 나에게 있어 가장 강력한 동기부여였다. 어떤 시련이 찾아와도, 새로운 삶을 살고 싶다는 간절함의 크기를 넘어설 수는 없었다. 간절하게 원하면 이루어진다. 그리고 정말 간절하다면, 내가 되고자 하는 모습으로 스스로 찾아가게 될 것이다.

아무것도 모르던 나는 책을 통해 배웠고, 글을 쓰면서 나의 모습을 만들어 갔다. 많은 사람이 내 첫 책에서 간절함이 느껴졌다고 말했다. 삶을 바꾸고 싶다는 간절함이 그대로 책에 담겼기 때문이다. 그런 간절함이 있어야 한다. 단순한 의지로는 부족하다. 자신에게 물어야 한다.

정말 간절하게 원하고 있는가?

정말 바뀔 의지가 있는가?

모든 것을 포기할 만큼 간절하게 자기 삶을 살고 싶은가?

아니면 지금의 생활에 만족하는가?

정말 간절하다면, 미루는 일이 생길 수 없다. 미루면 미룰수록 나의 꿈과 멀어진다는 것을 스스로 알기 때문이다. 간절함이 크면 클수록 두려움도 같이 커진다.

"안돼도 그만이지."라는 생각에서는 두려움이 생기지 않는다. 하지만 반드시 이루어야 한다는 간절함이 있을 때, 두려움은 자연스럽게 찾아온다.

이때 자신에게 말해야 한다.

"내가 진심으로 원하고 있구나. 정말 이루고 싶은 꿈이구나. 그래서 내가 이렇게 두려움을 느끼고 있는 거구나."

1등에게는 있고, 2등과 3등에게는 없는 것. 바로 간절함이다. 절대 지지 않겠다는 마음가짐, 어떤 일이 있어도 이루겠다는 열망. 그것이 1등을 만드는 힘이다. 그렇다고 모두가 1등을 할 필요는 없다. 다만, 지금 당신이 가진 간절함이 1등만큼 강한가를 스스로 물어야 한다.

방법은 누구나 알 수 있다. 그러나 같은 방법으로도 성공과 실패가 갈리는 이유는 간절함의 차이다.

목표가 없는 삶은 첫 번째 문제가 발생하면 쉽게 방향을 바꾼다. 목표가 없으면 문제를 극복하려는 노력이 이어지지 않는다.

"목표가 없는데, 왜 문제를 극복하려고 노력하겠는가?"

내가 간절하면 어떤 문제가 닥쳐도 포기하지 않는다. 간절함이 없다면, 첫 번째 문제 앞에서 방향을 바꿀 것이다. 내가 원하는 것이 아니라면, 왜 나의 시간과 노력을 투자하겠는가?

"나에게 꿈이 있는가? 있다면, 정말 간절하게 원하고 있는가?"

간절함은 삶을 움직이게 만들고, 꿈을 현실로 바꿔줄 유일한 열쇠다. 인생은 실시간으로 이루어진다. 실시간을 사는 순간 나의 꿈도 실시간으로 이루어진다.

나의 꿈을 이루었을 때, 자신에게 다시 질문해 보길 바란다.

"이제, 나는 얼마짜리인가?"

지금 어떤 인생을 살고 있는가? 내가 선택한 길에서, 그 누구와도 대체되지 않는 사람이 되었는가? 진정으로 나만의 가치를 만들어내고 있는가?

이 책의 마지막 장을 덮으며, 나는 독자들에게 다시 묻고 싶다.

"당신은 얼마짜리인가?"

나는 얼마짜리인가?

지은이   북크북크(박수용)

발행일   2024년 12월 25일 초판 1쇄

펴낸이   양근모

펴낸곳   도서출판 청년정신

출판등록 1997년 12월 29일 제 10-1531호

주 소   경기도 파주시 경의로 1068, 602호

전 화   031) 957-1313 팩스 031) 624-6928

이메일   pricker@empas.com

ISBN   978-89-5861-247-6 (13320)